Sozialunternehmertum, Innovationen und Wirkungsmessung

Lilli Leirich

Sozialunterneh-mertum, Innovationen und Wirkungsmessung

Praktische Umsetzung gesellschaftli-cher Veränderungen zu einer Impact-zentrierten Wirtschaft

 Springer Gabler

Lilli Leirich
S:HUB
Mannheim, Deutschland

ISBN 978-3-662-69675-0   ISBN 978-3-662-69676-7   (eBook)
https://doi.org/10.1007/978-3-662-69676-7

Die Deutsche Nationalbibliothek verzeichnet diese Publikation in der Deutschen Nationalbibliografie; detaillierte bibliografische Daten sind im Internet über https://portal.dnb.de abrufbar.

Planung/Lektorat: Mareike Teichmann
Springer Gabler ist ein Imprint der eingetragenen Gesellschaft Springer-Verlag GmbH, DE und ist ein Teil von Springer Nature.
Die Anschrift der Gesellschaft ist: Heidelberger Platz 3, 14197 Berlin, Germany

Wenn Sie dieses Produkt entsorgen, geben Sie das Papier bitte zum Recycling.

Inhaltsverzeichnis

Über die Autorin

Dr. Lilli Leirich beschäftigt sich seit über 7 Jahren mit der Forschung und Praxis zum Thema Sozialunternehmertum. Im betriebs- und volkswirtschaftlichen Studium bemerkt sie aus der Perspektive des Arbeiterkinds mit russischem Migrationshintergrund früh den fehlenden Fokus der wirtschaftswissenschaftlichen Lehre auf Menschen und Natur. Später stellt sie dies auch in der Praxis fest und auch, dass es Ursache für zahlreiche gesellschaftliche Probleme ist. Ihre Suche nach Alternativen zur Neoklassik führt sie von der Pluralen Ökonomik, über die Gemeinwohlökonomie zu Social Entrepreneurship bzw. Sozialunternehmertum. Hieran hält sie fest – aus der Überzeugung, dass Sozialunternehmertum die Kraft hat, eine bessere Gesellschaft herzustellen – aufgrund der nötigen Verquickung von Wirtschaft und Sozialem, und weil es ein neues Paradigma und Machen zugleich ist, was sie selbst durch ihre eigens gegründeten Social Startups (sitt.app GmbH, 24ft. GmbH, hejAL! New Tech Solutions GmbH, ampelfit UG) an der Realität beobachtbar macht. Die Mehrfachgründerin betreibt mit dem S:HUB (in Mannheim und der Pfalz/Bad Dürkheim) einen Company Builder und Coworking für gutes Unternehmertum und arbeitet dabei mit der lokalen und regionalen Wirtschaftsförderung zusammen. S:HUB gründete sie parallel zu ihrer empirischen Forschung zur Unterstützungslandschaft für Social Entrepreneurship im DACH-Raum.

Ihr Wissen und ihre Erfahrungen gibt sie in der Gründungs- und Unternehmensberatung an Startups und Unternehmer*innen weiter und an solche, die es werden wollen. Außerdem platziert sie das Thema Sozialunternehmertum und Wirkungsmessung in der Lehre verschiedener Hochschulen, in Unternehmen und in den Sozialen Medien, um aus einem Nischenthema ein relevantes und verständliches Thema für die Masse und Unternehmenspraxis zu machen.

1

Einleitung – Alles wird gut

Die größten Probleme unserer Zeit liefern das größte Potenzial für die erfolgreichsten Geschäftsmodelle. Also such' dir ein Problem aus, das eine Vielzahl von Menschen betrifft, definiere kundengetrieben ein Produkt oder eine Dienstleistung, die dieses Problem löst und lebe davon – erfüllt und satt. Wie das gehen kann, schauen wir uns an späterer Stelle an. Bevor es losgeht, fragt man sich aber noch: Ist das eigentlich gut oder schlecht, redlich oder nicht? Bedeutet es, dass sich gesellschaftliche Herausforderungen, d. h. Nöte von Menschen und Natur, zunutze gemacht werden für eigennützige, kommerzielle Zwecke? Oder bedeutet es das Zusammenführen von sozialer und ökonomischer Logik zur Schaffung ganzheitlich nützlicher Produkte und Dienstleistungen? Es ist an uns Menschen, das zu entscheiden. Es ist an uns, Strukturen aufzubauen, die Verquickung von Wirtschaft und Sozialem ermöglichen, die Anreize für systemisches Denken und eine positive gesellschaftliche Wirkung setzen. Sonst bleibt es erst einmal dabei, dass wirtschaftliches Handeln von Unternehmen zu Gunsten monetärer Ziele ökologische und soziale Probleme verursacht und der soziale Sektor versucht, aufzuräumen.

L. Leirich, *Sozialunternehmertum, Innovationen und Wirkungsmessung*, https://doi.org/10.1007/978-3-662-69676-7_1

Dieses Buch beschreibt und fasst neue Paradigmen für Wirtschaft und Gesellschaft zusammen, die bestimmen, in welche Richtung wir uns bewegen werden. Es lenkt den Blick auf soziale und wirtschaftliche Innovationen, die sich Organisationen über alle Sektoren und Branchen hinweg zunutze machen können, um zukunftsfähig und -relevant zu sein. Für diejenigen, die nicht gewillt sind, bekannte Schubladen umzuformen und zu erweitern (Akkommodation statt Assimilation), ist das Buch nicht geeignet. Diese Gruppe dürfte mittlerweile denkbar klein sein. Denn die Zahl, Ausmaße und Komplexität gesellschaftlicher Probleme sind so weit vorangeschritten, dass es sich auf ausreichend vielen Ebenen bemerkbar macht. Individuen verstehen und nutzen ihre Rolle und Wirksamkeit im großen Ganzen. Organisationen widmen sich der systemischen, positiven wie negativen Konsequenzen ihres Handelns. Alles wird also gut, weil die Lage erstmal schlecht erscheint, weil ausreichend Informationen zugänglich sind und weil Ignoranz immer weniger möglich ist.

Im Zentrum stehen hier Organisationen im Allgemeinen, deren finanzielle Basis dauerhaft existenziell ist und deren Produkte und Dienstleistungen relevant für bzw. gewünscht von der Gesellschaft sind. Hobby- und ehrenamtliche Organisationen fallen hier also raus. Betrachtet man die Organisationslandschaft, lassen sich per definitionem solche Organisationen identifizieren, deren übergeordneter Zweck es ist, Geld zu erwirtschaften – mit der Erwartung, (maximale) Gewinne zu erzielen – und solche Organisationen mit gemeinnützigem Zweck, denen es nicht erlaubt wird, monetäre Gewinne zu machen, womit sie in finanzieller Abhängigkeit stehen. Diese strikte Trennung von Sozialem und Wirtschaft hat uns an gewisse Grenzen gebracht – auf der Suche nach klaren Abgrenzungen und Definitionen, weit weg von jeder Komplexität, die erforderlich ist für den Umgang mit unserem Weltgeschehen. Ich spreche mich für Komplexität, d. h. die deutliche Verquickung von Wirtschaft und Sozialem aus – und da, wo es Sinn ergibt – unter Verwendung neuer Technologien. Soziale und technologische Innovationen sind dabei ebenfalls nicht länger voneinander getrennt zu behandeln – z. B. wenn es um die Förderung von Startups und Unternehmen geht. Vielmehr sollten Technologien in Hinblick auf die Probleme verstanden werden, die sie zu lösen vorgeben, mit dem

Bewusstsein für ihre potenzielle, exponentielle gesellschaftliche Wirkung. So viel zur politischen Rede.

In diesem Buch geht es also um gesellschaftliche Probleme, um Unternehmertum und Komplexität sowie um die Frage, wie diese drei Faktoren am besten zueinander in Beziehung zu bringen sind. Dass sie einander bedingen, steht außer Frage. Es steht lediglich die Überlegung, wie unternehmerisches Denken und Handeln nicht die Ursache, sondern Lösung für soziale Herausforderungen sein kann und dass diese Lösungen ebenso komplex gedacht werden sollten wie die Probleme, die ihnen zugrunde liegen. Organisationen aus allen Sektoren – etwa Wirtschaft, Soziales, Öffentliche Hand und Zivilgesellschaft – machen das Aufbrechen ihrer vermeintlich existierenden Sektorgrenzen beobachtbar. Sie zeigen hybride Funktionslogiken und die Bereitschaft zu organisationaler Komplexität gegenüber einer komplexen Umwelt. Zum Beispiel tun sich städtische Einrichtungen und Wohlfahrtsverbände mit Startups zusammen und setzen eine Lösung für eine bestimmte Gruppe von Wirkungsempfängern um. Warum? Weil eine großgewachsene, hierarchische Organisation allein nicht agil und innovativ genug und ein Startup allein ggf. nicht ressourcenstark genug ist. Dieser Entwicklung liegen bestimmte Treiber zugrunde: a) Die zunehmende Professionalisierung und Ökonomisierung von gemeinnützigen Organisationen (z. B. Wohlfahrtsverbände, Stiftungen und Nichtregierungsorganisationen, kurz NGO), b) die verschärfte Nachhaltigkeitsintegration in profitgetriebenen Organisationen (Unternehmen des Wirtschaftssektors), c) die im Zuge der Digitalisierung wachsenden Möglichkeiten und Forderungen nach Dezentralisierung und Transparenz als auch d) das verbreitete Verständnis, dass ganzheitliche soziale und ökologische Nachhaltigkeit (gesamt)wirtschaftlich klüger ist.

Ich will versuchen, die Arroganz auszuheben, die einige zeigen, wenn sie über Soziales, soziale Projekte und junge wie alteingesessene Sozialunternehmen sprechen und zu verstehen geben, dass vor allem die großen Wirtschaftsunternehmen bedeutend sind. Ich stelle dar, dass und wie die gleichzeitige Orientierung an Gemeinwohl, Profit und Innovation machbar ist. Die Bewältigung gesellschaftlicher Probleme und wirtschaftlicher Zukunftsaufgaben fällt dabei zusammen, mit dem Ziel, die wirtschaftliche Situation breiter Bevölkerungsschichten zu verbessern.

Ich halte es für möglich, dass wir uns vom derzeitigen Wohlfahrtsstaat und der internationalen Entwicklungshilfe lösen, die viele Probleme eher verwalten als sie zu beheben – und rein soziale Organisationen entlasten, die dann mehr Raum haben für Innovationen haben. Im deutschen Sozialstaat liegt die Zuständigkeit für die Bereitstellung von sozialen, gesundheitsbezogenen und Fürsorgedienstleistungen primär bei großen, nichtstaatlichen Wohlfahrtsverbänden: Caritas, Diakonie, Arbeiterwohlfahrt, Deutsches Rotes Kreuz, Paritätischer Wohlfahrtsverband und Zentralwohlfahrtspflege der Juden in Deutschland. Hier bestehen bestimmte Vereinbarungen mit der Politik und sie werden hauptsächlich durch Fördermittel und Entschädigungen für Dienstleistungen von Land, Kommune oder Agenturen für soziale Sicherung finanziert. Unternehmen der Wirtschaft fangen erst an, ihr gesellschaftliches Engagement nicht nur neben dem Geschäftskern als CSR, sondern als Investition in zukünftige Wachstumsmärkte zu verstehen. So der Status quo. Ich sprach bereits 2017 öffentlich von der Vision, aus allen Unternehmen Sozialunternehmen zu machen. Im Kontext eines entsprechend funktionierenden rechtlichen und moralischen Rahmen marktwirtschaftlicher Ordnung ist das für jede Organisation bis zu einem gewissen Grad auch realisierbar. Im weiteren Verlauf beschreibe ich die möglichen Ausprägungen eines solchen Rahmens, mache sie anhand von Praxisbeispielen greifbar und konkret – zur Inspiration, zum Umsetzen und Nachahmen, zum darüber Diskutieren und Weiterdenken.

Nachdem meine Einführung im ersten Kapitel hoffentlich Lust auf mehr macht, klären wir im zweiten Kapitel, wie das mit der Trennung zwischen Wirtschaft und Sozialem genau gemeint ist und gehandhabt wird. Wir schauen uns natürlich auch an, wie die Verbindung zwischen Wirtschaft und Sozialem aussehen kann und leiten schließlich mit der Theorie zu Sozialunternehmen, Impact-Denken und Wirkungsmessung über zum – wenn man so möchte – mathematischen Teil des Ganzen. Wir legen den Grundstein für eine neue Zeit- und Werterechnung unserer Wirtschaft und Gesellschaft – im wahrsten Sinne des Wortes – indem wir noch tiefer in die Thematik der Wirkungsmessung und Monetarisierung bzw. Inwertsetzung sozialer Bereiche einsteigen. Wir sind mit dem Thema gesellschaftliche Wirkung von Organisationen noch immer in der Phase, in der alle immer wieder betonen, wie wichtig es ist, sie ganzheitlich zu betrachten und manchmal auch, was die Voraussetzungen sind, aber noch keiner sagt einem so genau, wie oder macht es gar vor. Bisheriges liefert vielleicht sogar überzeugende wirtschaftliche Gründe für eine aktive Beteiligung an der Impact-Bewertung, doch so richtig Veränderung stößt das bislang nicht an, weil es uns Akteure in der Praxis mit netten Worten und ohne handfeste, mutige Vorschläge auch für systemische Anpassungen alleine lässt. Voller konkreter Beispiele, bodenständiger Ideen und Respekt vor den tangierten Disziplinen und Akteuren in der Praxis beschreibt dieses Buch mehrere pragmatische Möglichkeiten für den Einstieg in die Wirkungsmessung und Übertragung von gesellschaftlicher Wirkung in das Zahlenwerk von Organisationen. Dies sei hier insgesamt als Grundvoraussetzung konstatiert für einen echten Paradigmenwechsel hin zu einer nachhaltigen Wirtschaft und Gesellschaft, bevor uns alles um die Ohren fliegt. Ich biete schließlich mit dem vierten Kapitel und seinen Geschichten aus der Praxis auch eine persönliche Perspektive auf die Rolle und Gestalt der Wirkungsmessung sowie einer möglichen Impact-Wirtschaft und -Gesellschaft. Beim Eintauchen in die Welt von Social Entrepreneurship, externer Rechnungslegung und gesellschaftlichem Wandel wünsche ich viel Vergnügen.

2

Soziale Innovationen

„Soziale Innovationen sind soziale Praktiken oder Organisationsmodelle, die darauf abzielen, tragfähige und nachhaltige Lösungen für die Herausforderungen unserer Gesellschaft zu finden" (BMBF 2023)[1]. Sie befassen sich damit, wie wir in Zukunft zusammenleben, arbeiten und unser Miteinander noch besser organisieren können. Sie zeigen, mit welchen neuen Prozessen, Organisationsformen, Verhaltensweisen und Arbeitsformen wir gesellschaftliche Herausforderungen wie den Klimawandel oder den demografischen Wandel meistern können.[2] Damit tragen sie den sich wandelnden Bedürfnissen der Gesellschaft Rechnung. Sozialunternehmen stellen nun die konkrete Umsetzung von sozialen Innovationen durch unternehmerische Aktivitäten dar. Sie konzentrieren sich speziell darauf, unternehmerische Prinzipien und Geschäftsmodelle zu nutzen, um soziale Probleme zu lösen, gleichzeitig positive

---

[1] https://www.bmbf.de/bmbf/de/forschung/soziale-innovationen/soziale-innovationen_node.html. abgerufen am 21.05.2024

[2] Beispiele sind die Mehrgenerationenhäuser, Mikrokredite für Kleinstunternehmen, Carsharing und Kleidertauschbörsen.

© Der/die Autor(en), exklusiv lizenziert an Springer-Verlag GmbH, DE, ein Teil von Springer Nature 2024
L. Leirich, *Sozialunternehmertum, Innovationen und Wirkungsmessung,*
https://doi.org/10.1007/978-3-662-69676-7_2

soziale Auswirkungen zu erzielen und damit Geld zu verdienen. Die Hintergründe zu und Gründe für Sozialunternehmertum, seine ganz eigenen systemischen Herausforderungen und praktische Gestalt ist Inhalt des nachfolgenden Kapitels.

2.1   Sozialunternehmen und Nicht-Sozialunternehmen

Worüber reden wir? – Zum einen über Unternehmen der Wirtschaft, die nicht explizit Sozialunternehmen genannt werden. Dabei handelt es sich um jede auf Dauer angelegte Organisation mit selbständiger, wirtschaftlicher Tätigkeit, Umsatz und Gewinnerzielungsabsichten, die Güter und Dienstleistungen zur Befriedigung bestimmter Bedürfnisse der Bevölkerung her- oder bereitstellt. Ein normales Unternehmen eben. Es liegt ein wirtschaftlich-finanzieller Zweck vor, der – und an der Stelle wird es bereits kompliziert – auch in Konflikt stehen kann mit den Bedürfnissen der Bevölkerung.

Glaubenssatz von Nicht-Sozialunternehmen

Denn der Glaubenssatz lautet gemeinhin: Wird das Ziel, Gewinne zu erwirtschaften, vernachlässigt, sind keine unternehmenserhaltenden oder -erweiternden Investitionen und Innovationen möglich.

Auf Dauer steht deshalb die Existenz des Unternehmens auf dem Spiel. Klingt plausibel, eigennützig und führt – zu beobachten an der Realität – zu Problemen. Jedem wird auf Anhieb mindestens ein Produkt einfallen, das bspw. der Gesundheit des Menschen und der Umwelt schadet, was der durch das Marketing vermittelte Mehrwert nicht wettmachen kann. Es existieren Produkte, die Welt nicht braucht.

Einem etwas anderen Glaubenssatz folgen dagegen sogenannte Sozialunternehmen:

> **Glaubenssatz von Sozialunternehmen**
>
> Wir können uns Wirtschaftlichkeit nur leisten, wenn Umweltschutz als
> auch soziale Stabilität und Gesundheit gesichert sind – nicht umgekehrt.

Ist auch was dran. Aber wie nun und wer oder was sind diese Sozialunternehmen? Auf den ersten Blick scheinen sie sich als eine Kraft zu
identifizieren, die den zerstörerischen Auswirkungen des Marktfunda-
mentalismus und der staatlichen Bürokratie entgegenwirkt – als Alternative zum neoliberalen Kapitalismus oder Staatssozialismus. Und im
Grunde weht daher auch der Wind, aber nochmal auf Anfang.

Wie, wann und warum Sozialunternehmen?

Die Zahl, Größe und Komplexität sozialer, ökologischer und ökonomischer Probleme haben trotz vieler Bemühungen zugenommen. Lösungen über den freien Markt, den gemeinnützigen Sektor oder die öffentliche Hand scheinen unzureichend (van Dijk et al. 2019). Als Reaktion
auf diese Missstände haben sich in den vergangenen Jahren zunehmend
neue unternehmerische Formen und Initiativen entwickelt, die Geschäftsmodelle mit sozialer und ökologischer Kernausrichtung verfolgen und gleichzeitig stabile finanzielle Einnahmequellen erschließen
– Sozialunternehmen – ein Realphänomen, das seit Ende der 1990er
Jahre auch unter dem Begriff „Social Entrepreneurship" international
diskutiert wird (z. B. Sekliuckiene und Kisielius 2015; Habisch 2011;
Mair und Marti 2005; Dees 1998; Letts et al. 1997). Sozialunternehmen verfolgen Ziele sowohl aus dem Dritten als auch aus dem Markt-
sektor – etwa das Lösen gesellschaftlicher Probleme (Logik des Dritten
Sektors) und das gleichzeitige Erwirtschaften von Gewinnen aus der
Bereitstellung von Produkten und Dienstleistungen (Logik des Markt-
sektors). Dabei sind sie in nahezu allen Branchen zu finden – von Bildung, über Fashion und Food, hin zu Bauwesen und IT. Indem sie
staatliche, öffentliche, Non-profit- und For-profit-Elemente kombinie-
ren, brechen sie Sektorgrenzen auf und bedienen sich unterschiedlicher,
häufig gemeinhin als diametral betrachteter Sektorlogiken (Forouharfar et al. 2018; Glänzel und Schmitz 2012). Sozialunternehmen sind

somit hybride Organisationen, die keine harte Unterscheidung mehr treffen zwischen dem Ziel, Geld zu verdienen und dem Ziel, Verantwortung für das Gemeinwohl zu übernehmen. Während in ‚normalen' Unternehmen die gesellschaftliche Verantwortung noch neben dem Geschäftskern läuft und nicht selten dem Greenwashing dient. Während soziale Organisationen aufgrund von finanzieller Abhängigkeit und bürokratischen Hürden in ihrem gesellschaftlichen Wirken ausgebremst werden, stellen Sozialunternehmen aufgrund ihrer gelebten Hybridität einen neuen zukunftsfähigen Organisationsstandard dar.

Als Social Startups infiltrieren sie die Wirtschaft, wie auch den sozialen Sektor und ecken an. Denn man möchte sich nicht so einfach von der Differenzierung zwischen Wirtschaft und Sozialem trennen. Politik und Öffentlichkeit rufen nach Definitionen und Abgrenzung für Sozialunternehmen und Nicht-Sozialunternehmen, damit sie in bekannte Strukturen einordnen können. Darauf bauen punktuelle Fördermaßnahmen für soziale Innovationen, verpackt in komplizierte Ausschreibungen. Es scheint, als wolle man bei den vielen Diskussionen über die künftige Entwicklung unserer Gesellschaft weder durcheinanderkommen noch Kontrolle verlieren und zwanghaft Ordnung ins Chaos bringen. Es erscheint erst einmal leichter, keine fundamentalen Veränderungen vorzunehmen. Dafür drehen wir uns seit Jahrzehnten im Kreis. Denn Nicht-Sozialunternehmen kommen irgendwann an die Grenzen ihres sozialökologischen Engagements, wenn sie stetig Anreize erhalten, primär das Geld erwirtschaften zu müssen, um am Markt zu bestehen. Und soziale Organisationen stoßen an die Grenzen ihrer haushälterischen Bemühungen, wenn sie ohne verstetigtes und unabhängiges Einkommensmodell dastehen, weil ihre Wirkung nicht gemessen und Geldwerten gleichgesetzt wird. Sozialunternehmen stehen noch vor den Herausforderungen beider Seiten und weisen zugleich die einzig zukunftsfähige Denkweise auf.

Seit Jahren verlangt man nach einer Definition. Bitteschön:
Eine Definition sollte immer zweckmäßig sein. Zum Beispiel für die unterschiedlichen Bundes-, Landes- und EU-Fördertöpfe als auch in der Forschung zum Thema Sozialunternehmertum ist man diesem Prinzip gefolgt und so fallen alle Beschreibungen dafür immer etwas anders aus.

Der folgende Versuch einer universellen Definition bringt dennoch zwei Unterscheidungen mit sich: Zum einen die Unterscheidung zwischen Sozialunternehmen im engeren und im weiteren Sinne, zum anderen die Unterscheidung zwischen geschäftsmodell- und finanzierungsmodellbasierten Sozialunternehmen. Und natürlich gibt es auch hybride Formen, wäre ja sonst langweilig.

Sozialunternehmen im engeren Sinne sind Unternehmen, die auf unternehmerische Art und Weise Lösungen für die Milderung oder Beseitigung gesellschaftlicher Herausforderungen entwickeln und umsetzen. Ganz krass formuliert, sind die erfolgreichsten Sozialunternehmen die, die, weil sie ihren Unternehmenszweck erfüllt haben, keinen mehr haben und nicht mehr gebraucht werden. Das gesellschaftliche Problem wurde in seiner Ursache gelöst. Aber gegen die eigene Existenz arbeiten? Das ist doch absurd – oder manchmal notwendig, eine spannende Denkweise und die nächste unternehmerische Chance wartet schon.

Sozialunternehmen im weiteren Sinne sind Unternehmen, die ganzheitlich sozial, ökologisch und ökonomisch nachhaltig sind und keine negativen externen Effekte verursachen, ohne diese zu messen und an anderer Stelle zu kompensieren. Die Messung und ggf. Kompensation von Externalitäten seien hier also als elementares Attribut von Sozialunternehmen konstatiert. Doch ist das realistisch? Was sind externe Effekte und wie soll das mit der Messung der (negativen wie positiven) Wirkung funktionieren? Wir kommen später noch einmal darauf zurück.

Hinsichtlich der finanziellen Tragfähigkeit kann ein Sozialunternehmen *geschäftsmodell- und finanzierungsmodellbasiert* sein. Ein *Geschäftsmodell* zu haben, bedeutet, mit einem Produkt bzw. einer Dienstleistung einen Markt zu betreten und zahlende Kunden zu haben – wie ein ‚normales‘ Unternehmen. Das Produkt wird sozial und ökologisch nachhaltig produziert und vertrieben – womöglich sogar nach dem cradle-to-cradle-Prinzip.[3] Ein *Finanzierungsmodell* wird dann notwendig,

---

[3] Das Cradle-to-Cradle-Prinzip ist ein nachhaltiges Designkonzept, bei dem Produkte und Materialien so gestaltet werden, dass sie am Ende ihres Lebenszyklus entweder vollständig biologisch abbaubar sind und als Nährstoffe in natürliche Systeme zurückgeführt werden („biologischer Kreislauf"), oder dass sie vollständig recycelbar sind und als hochwertige Rohstoffe in neue Produkte eingesetzt werden („technischer Kreislauf").

wenn ein Geschäftsmodell nicht möglich ist. D. h. die Zielgruppe bzw. Wirkungsempfänger des Sozialunternehmens sind nicht zahlungsfähig und beschreiben eine Minderheit (zu geringes Marktpotential). Wieso sollte man Produkte und Dienstleistungen für eine solche Zielgruppe entwickeln? Der Grund und die Antwort liegen in der gesamtgesellschaftlichen Betrachtung: Insgesamt tragen der Schutz, die Förderung und Bedürfniserfüllung von Minderheiten dazu bei, eine inklusive, gerechte und harmonische Gesellschaft aufzubauen. Das spart und bringt einem Staat viel Geld! Die Verhinderung von Diskriminierung und Ungerechtigkeit, die Förderung von Vielfalt und kulturellem Reichtum, Inklusion und soziale Kohäsion, die Vermeidung von Marginalisierung usw. bedeuten für eine Gesellschaft Frieden und Stabilität, Identitätsstiftung, Teilhabe, Kreativität und Innovation, Mut und Horizont – weniger Kriminalität, weniger Arbeitslosigkeit, mehr soziales Potenzial, mehr Wirtschaftskraft. All das lässt sich in Zahlen ausdrücken und monetarisieren, bleibt aber an dieser Stelle noch eine logische Behauptung bzw. lose Wirkungslogik. Im weiteren Verlauf wollen wir die Argumentationsgrundlage dazu manifestieren und aufzeigen, wie es konkret und praktisch gelingen kann, gesellschaftliche Wirkung zu bewerten.

2.2   Die Qualität von Sozialunternehmen steigern

Die Qualität und Quantität von Sozialunternehmen sind zu steigern – je mehr, desto besser, für uns alle. Das erfordert komplexes, systemisches Denken und entsprechende Veränderungen, nicht nur komplizierte und oberflächliche. D. h. es genügt zum Beispiel nicht, Unternehmen mit Nachhaltigkeitsberichterstattung anzustrengen, wenn es noch wenig starke Anreize für die Umsetzung ganzheitlicher sozialer und ökologischer Nachhaltigkeit gibt. Es braucht zum Beispiel zusätzlich das breite Bewusstsein und die Akzeptanz einer neuen Rechnung von wirtschaftlichem und gesellschaftlichem Erfolg und Misserfolg, um jedem wirtschaftlichen Handeln auch Konsequenzen zu sichern. Welche fundamentalen Strukturen, Prozesse und Dynamiken wir beeinflussen müssen, damit Sozialunternehmertum sich entfalten kann und all die klugen Nachhaltigkeitsbemühungen auch wirklich wirksam werden, erkennen wir bei der Identifizierung der Grenzen von Sozialunternehmertum jetzt.

2.2.1 Finanzierung

Sozialunternehmen haben eine soziale und umweltbezogene Mission, deren Erfüllung im bestehenden, geldgetriebenen System bei der Erfolgsmessung bzw. Gewinnermittlung nicht ins Gewicht fällt.

1. Forderung systemischer Veränderung: Soziale und umweltbezogene Zielerreichung spiegelt sich in der Erfolgsmessung einer Organisation wider.
Sozialunternehmen generieren manchmal erst später und oft nicht so hohe monetäre Gewinne wie Nicht-Sozialunternehmen, weil der Fokus darauf liegt, dass alle Beteiligten fair (und manchmal sogar gleichverteilt) profitieren und nicht die einen viel mehr und die anderen viel weniger. Traditionelle Finanzierungsmöglichkeiten zu nutzen, kommt da für die meisten Sozialunternehmen derzeit nicht infrage, da Investoren und Kreditgeber auf kurzfristige und relativ hohe Renditen abzielen (Scheck 2018). Das hat man erkannt und sich neue Formen der Finanzierung ausgedacht – neue, der Hybridität von Sozialunternehmen gerecht werdende Instrumente, wie Wandeldarlehen, Wandelspende und rückzahlbare Spende (siehe Tab. 2.1). Sie stellen innovative und flexibel gestaltbare finanzielle Unterstützungsformen dar, die soziale und ökonomische Zielsetzungen von Sozialunternehmen berücksichtigen. Ebenso berücksichtigen sie ihre besonderen Bedürfnisse und Charakteristiken, wie zum Beispiel eine längere Amortisationsdauer oder kleinere Investitionsbeträge und Rückflüsse.

Das Wandeldarlehen zum Beispiel ermöglicht sowohl dem Investor als auch dem Startup eine Art ‚Probezeit‘ und schließt die Lücke zwischen Eigen- und Fremdkapital (d. h. aus dem Fremdkapital kann nach einem vereinbarten Zeitraum Eigenkapital werden). Ein Investor gewährt dem Sozialunternehmen ein festverzinsliches Darlehen über eine Summe X (z. B. 30.000 €) für einen überschaubaren Zeitraum von

Tab. 2.1 Finanzierungsformen für Sozialunternehmen

Instrument	Kurzbeschreibung
Spende	Freiwillige, unentgeltliche Geldzuwendung für einen bestimmten Zweck, die nicht mit einer konkreten Gegenleistung seitens des Spendenempfängers verknüpft ist
Eigenkapital	Wird unbefristet zur Verfügung gestellt. Eigenkapitalgebende werden Miteigentümer des Unternehmens und partizipieren dadurch vollumfänglich an Gewinn und Verlust des Unternehmens
Fremdkapital	Kredite oder Darlehen. Stehen dem Sozialunternehmen nur für eine befristete Dauer zur Verfügung und müssen dann an den Gläubiger zurückgezahlt werden. Der Gläubiger hat damit einen Anspruch auf Tilgung der zur Verfügung gestellten Summe und zusätzlich meist auf regelmäßige Zinszahlungen
Mezzaninkapital	Finanzierungsarten, die in ihren rechtlichen und wirtschaftlichen Ausgestaltungen eine Mischform aus Eigen- und Fremdkapital darstellen (z. B. stille Beteiligung, partiarische Nachrangdarlehen)
Wandeldarlehen	Ermöglicht es dem Darlehensgeber, die Darlehensforderung in Beteiligungspapiere des Sozialunternehmens umzuwandeln
Wandelspende	Spende, die bei vorab definiertem unternehmerischem Erfolg in Eigenkapital umgewandelt wird
Rückzahlbare Spende	Darlehen, das nur im Falle einer positiven Unternehmensentwicklung zurückgezahlt werden muss. Sollte eine Rückzahlung nicht möglich sein, wird die rückzahlbare Spende in eine klassische Spende umgewandelt
Bürgschaft	Der Bürge besichert Darlehen gegenüber dem Gläubiger des Sozialunternehmens. Das ermöglicht dem Sozialunternehmen, zusätzlich Fremdkapital aufzunehmen

Quelle: Eigene Darstellung in Anlehnung an Scheck (2018) und Achleitner et al. (2011).

beispielsweise 18 Monaten zur Brückenfinanzierung. In Bezug auf die Zinshöhe einigen sich beide Seiten, angenommen, auf 4 %. Es wird vereinbart, dass das Darlehen nach der Laufzeit von 18 Monaten in Unternehmensanteile umgewandelt werden kann. In dieser Zeit leistet der Darlehensnehmer keine Zinszahlungen und keine Tilgung, um den Cashflow des Startups nicht zu belasten. Wenn die nächste Finanzierungsrunde ansteht bzw. wenn der Zeitraum von 18 Monaten endet, kann das Darlehen in eine Beteiligung am Unternehmen gewandelt werden. Zu diesem Zeitpunkt müssen sich alle Beteiligten auf eine Unternehmensbewertung einigen. Auf Grundlage dieser Bewertung wird errechnet, in welcher Höhe der Wandeldarlehensgeber schließlich Anteile am Sozialunternehmen erhält. Üblicherweise erhält dieser mehr Anteile, als die Darlehenssumme es suggeriert. Das ist der Dreh- und Angelpunkt bei Wandeldarlehen: Der Investor vereinbart mit dem Startup bei Darlehensgewährung einen sogenannten Discount von bspw. 10 %, sprich einen Rabatt, der sein im Voraus eingegangenes Risiko ausgleicht. Vor der Wandlung hat der Investor zunächst noch kein Mitbestimmungs-, sehr wohl aber ein Informationsrecht. Die meisten Startups dürften jedoch aufgeschlossen sein und wertvollen Input des Geldgebers begrüßen. Dieser gesamte Vorgang liest sich relativ unkompliziert und das ist er auch. Zusätzlich ist ein Wandeldarlehen in der Regel auch von geringen Transaktionskosten durch standardisierte Verträge geprägt als auch kostspielige Anwälte oder eine notarielle Beurkundung sind nicht unbedingt erforderlich. Das Geld kann binnen weniger Tage vom Investor auf das Geschäftskonto des Startups überwiesen werden.

Alle Finanzierungsformen für Sozialunternehmen zusammengefasst, sprechen wir vom wirkungsorientierten Investieren, als Pendant zum Risikokapital als Antwort auf den Investitionsbedarf von Technologie-Unternehmen – theoretisch eine notwendige Sache, aber praktisch fast nicht zu finden. Ich werde seit Jahren gefragt: Wo sind sie, die Impact Investoren? Sobald sich ein Verständnis für Impact und Sozialunternehmen breit gemacht hat, erkennen sich vielleicht einige wieder und melden sich, also los geht's:

Zugegeben, der Markt für wirkungsorientierte finanzielle Unterstützung von Sozialunternehmen in der Praxis hat in den vergangenen Jahren ein wenig an Dynamik gewonnen (John 2006; Kerlin 2006) – auch in Deutschland und Österreich (Marktbericht Bertelsmann Stiftung 2016; Spiess-Knafl 2016). Bestehende wirkungsorientierte Fonds sind gewachsen (z. B. Ananda Ventures, BonVenture), Stiftungen (z. B. Robert Bosch Stiftung, Bertelsmann Stiftung, BMW Stiftung Herbert Quandt) sind zu aktiven wirkungsorientierten Investoren geworden, klassische Unternehmen haben ihre Sponsoring- und Spendengelder vermehrt in Sozialunternehmen gegeben (nach eigenen Vorgaben z. B. SAP, BASF, Siemens) usw. (Marktbericht Bertelsmann Stiftung 2016; Spiess-Knafl 2016). Im Laufe dieser Entwicklung hat sich schließlich das „Impact Investing" (z. B. Roundy et al. 2017; Geobey et al. 2012; Bugg-Levine und Emerson 2011) gefunden. Hier fließen nicht nur finanzielle, sondern auch soziale Renditeaspekte – also der gesellschaftliche Mehrnutzen, der durch das Wirken eines Sozialunternehmens generiert wird – in Investitionsentscheidungen ein. Die angestrebte Gesamtrendite setzt sich dann meist zu unterschiedlichen Teilen sozialer und finanzieller Ziele zusammen. Soziale Ziele umfassen die Verbesserung sozio-ökonomischer, sozialer und ökologischer Bedingungen.[4] Finanzielle Ziele, die verfolgt werden, bewegen sich von der Spende, das heißt keinerlei Rückzahlung, über den Kapitalerhalt bis hin zur marktüblichen Rendite (Wilson 2014, S. 4).

Finanziell unterstützende Akteure, die für den Start und die Skalierung von Sozialunternehmen eine große Rolle spielen, sind öffentliche Finanzierer (hauptsächlich Projektförderung durch bspw. Stadt, Land, Bund, EU), private Geldgeber ohne Renditeerwartungen (z. B. Stiftungs- und CSR-Mittel bzw. Spenden von Unternehmen und vermögenden Personen) und private Geldgeber mit Renditeerwartungen (speziell auf Sozialunternehmertum ausgerichtete wirkungsorientierte Fonds, Family Offices). Zu verstehen, warum in Sozialunternehmertum investiert wird, unterstreicht, wie wichtig dieses Realphänomen ist: Während beispielsweise der Staat zusätzliches privates Kapital für soziale Dienstleistungen anziehen will, um das Haushaltsbudget zu entlasten, streben Family Offices und Stiftungen nach Effektivität ihrer philanthropischen Aktivitäten. Zum einen sprechen wir von erwirtschafteten, für das Gemeinwohl einzusetzenden Steuergeldern, zum anderen von Kapital, das insgesamt mindestens kapitalerhaltend für einen

---

[4] Wie diese gemessen werden können, wird in Abschn. 2.4 behandelt.

gemeinnützigen Zweck verwendet werden soll. Gleichzeitig deckt der DSEM (Kiefl, S., Scharpe, K., Wunsch, M., Hoffmann, P. (2021/22)) auf, dass vor allem das Einwerben von staatlichen Fördermitteln und von Stiftungsförderung (auch aus Gründen der gesetzlichen Unsicherheit sowie mangelnder Anlageberatung und fehlender standardisierter Investmentprodukte) für Sozialunternehmen schwierig ist. So naheliegend und offenbar doch so fern. Nichtsdestotrotz bleiben es kluge Motive: Neue Finanzierungswege für die Lösung gesellschaftlicher Probleme und mehr gesellschaftliche Wirkung durch unternehmerisches Denken und Handeln. Das alles schafft Sozialunternehmertum. Sozial- und Wirtschaftslogik werden praktisch zusammengeführt.

Der Markt für wirkungsorientiertes Investieren in Sozialunternehmertum steckt 2024 somit noch immer in seinen Anfängen, wird erst von wenigen, insbesondere institutionellen Akteuren bespielt und die Beteiligung der Regierung ist nach wie vor gering.

2.2.2 Marktherausforderungen und Lobby

Sozialunternehmen stoßen auf Widerstände, wenn sie versuchen, etablierte Industrien zu verändern – was sie regelmäßig tun (wollen). Während sie weniger Probleme haben, ihre Zielgruppen bzw. Wirkungsempfänger zu erreichen, gelangen sie umso schwieriger an politische Aufmerksamkeit und Handlungsbereitschaft. Im Kampf um Aufmerksamkeit für die eigene Sache stehen Sozialunternehmen oft in Konkurrenz mit Nicht-Sozialunternehmen, sprich Wirtschaftsunternehmen, die in irgendeiner Form im gleichen Themenfeld arbeiten. Ziele und Interessen von Sozialunternehmen und Nicht-Sozialunternehmen sind in vielen Belangen konträr. Die einen wollen soziale und Umweltprobleme lösen, was ihre eigenen Kosten hochtreibt. Die anderen verursachen sie – zugespitzt formuliert – und arbeiten auf Kosten Externer und der Umwelt. So weit, so banal und ein ungleicher Kampf.

2. Forderung systemischer Veränderung: Negative externe Effekte wirtschaftlicher Aktivitäten spiegeln sich in der Erfolgsmessung einer Organisation wider.

Wirtschaftsunternehmen[5] geben bedeutende Summen ihres Geldes für Lobbyarbeit aus. Ihre finanziellen Ressourcen sind ungleich höher als die auch großer Sozialunternehmen. Die Wirtschaft pflegt enge Kontakte zur Politik und hat den informellen Lobbyismus perfektioniert. Wir wollen dennoch davon ausgehen, dass Ziele der Lobbyarbeit (zumindest in Teilen) mit der öffentlichen Meinung und dem Gemeinwohl übereinstimmen müssen – sonst brauchen wir morgens nicht aus dem Haus gehen. Es gilt also, den Mut angesichts eines scheinbar übermächtigen Antagonisten nicht zu verlieren. Auch, da Sozialunternehmen andere Ressourcen haben als konventionelle Unternehmen der Wirtschaft, die nicht zu unterschätzen sind – etwa soziales Kapital, Kreativität, soziales Bewusstsein und Expertise sowie ein starker Zusammenhalt unter Sozialunternehmen, während Nicht-Sozialunternehmen konkurrieren und eher gegeneinander arbeiten. **Wenn wir uns schließlich fragen, wie es Sozialunternehmen gelingt, ähnliche Strukturen zu schaffen, lautet die Antwort: Wenn gesellschaftliche Wirkung messbar gemacht und zu einer anerkannten Währung wird.**

2.2.3 Bürokratie, Regularien & Identität

Sozialunternehmen andressieren komplexe gesellschaftliche Probleme. Die Lösung solcher Probleme erfordert eine ganzheitliche Herangehensweise und die Zusammenarbeit mit verschiedenen Akteuren, was zusätzliche Herausforderungen mit sich bringt. Nicht selten arbeiten sie sektorübergreifend, etwa mit der öffentlichen Hand und Gemeinwohlverbänden, während sie selbst auf einem Wirtschaftsmodell aufbauen. Unterschiedliche Organisationskulturen und -sprachen, komplizierte bürokratische Verfahren und rechtliche Hindernisse führen zu verlangsamten Prozessen, mangelnder Flexibilität und sogar

---

[5] Die pauschale Formulierung dient der Vereinfachung im Lesefluss. Es sind nicht alle Wirtschaftsunternehmen per se nur schädlich für Mensch und Umwelt.

Handlungsunfähigkeit. Im Fall Lemonaid, dem Hamburger Geträn-
kehersteller, führten sie sogar zu existenzbedrohlichem Streit mit dem
Finanzamt, der zum Zeitpunkt der Entstehung dieses Buches noch zu
klären ist. Weil man in Deutschland nur 0,4 % des Umsatzes (von der
Steuer abzugsfähig) spenden darf, entschied sich das Sozialunternehmen
für ein Sponsoringmodell. Lemonaid sponsoret seit Jahren 6 % seines
Umsatzes an den selbstgegründeten gemeinnützigen Verein Lemonaid
& ChariTea e. V., woraus soziale Projekte und wiederum Sozialunternehmen finanziert werden. Dem Finanzamt nach erbringt der gemeinnützige Verein aber keine angemessene Gegenleistung (Marketingmaß-
nahmen), um es als Sponsoring gelten zu lassen. Lemonaid wird deshalb
verdeckte Gewinnausschüttung vorgeworfen, das Finanzamt möchte die
6 % vom Umsatz als Spende werten und verlangt eine entsprechende
satte Steuernachzahlung.[6]

**3. Forderung systemischer Veränderung: Die rechtliche Grundlage
wird geschaffen, dass jede finanzielle Unterstützung gemeinnütziger
Zwecke durch Sozialunternehmen als steuerlich abzugsfähige Auf-
wendung anerkannt wird. (Es gibt kein Zuviel des Impact In-
vestings.)**
Trotz allem Hin und Her zwischen gesellschaftlicher Wirkung und finanzieller Zielerreichung sind Sozialunternehmen mittlerweile raus aus
ihrer Identitätskrise. Auch wenn sie größtenteils noch zu wirtschaftlich
für die einen, zu sozial für die anderen sind – die strikte Trennung zwischen Sozialem und Wirtschaft in den Köpfen der Menschen hält sich
hartnäckig – wissen Sozialunternehmen heute doch sehr gut um ihre
Relevanz, ihren Wert und den neuen Standard, den sie langsam, aber
sicher langfristig setzen. Regierungen und manche groß gewachsenen
Organisationen des sozialen Sektors verfügen weder über die Mittel,
unsere gesellschaftlichen Probleme zu bewältigen, noch sind sie allein
gut aufgestellt, innovative Ansätze zu ihrer Lösung zu entwickeln. Letzteres ist mit riskanten Investitionen, Experimenten und gelegentlichem

---

[6] https://www.stern.de/wirtschaft/news/lemonaid-drohen-steuernachzahlungen-in-millionen-
hoehe-32718008.html, abgerufen am 21.05.2024.

Scheitern verbunden, und das in einer Geschwindigkeit, die nicht jedes Momentum verloren gehen lässt. Mit Sicherheitsdrang und der ewigen Suche nach dem Schuldigen, statt nach Lösungen, passt das nicht zusammen. Wirtschaftsunternehmen müssen aufgrund des hohen Stellenwerts von Geld auf der anderen Seite mehr oder minder gezwungen werden, ganzheitlich nachhaltig und sozial zu arbeiten, während sie das an vielen Stellen und noch eine ganze Weile nicht tun werden. Sie alle, nicht aber länger Sozialunternehmen, werden sich nun zunehmend tiefergehende Gedanken um ihre Identität bzw. eine neue Identität machen müssen.

2.2.4 Wirkungsmessung und Einsatz von Steuergeldern

Ein Kernaspekt von Sozialunternehmen ist es, mit ihren wirtschaftlichen Aktivitäten positive, soziale Veränderungen herbeizuführen. Die Messung dieser Veränderungen stellt jedoch eine komplexe Herausforderung dar. Das scheinen die allermeisten zumindest zu denken, man hört es immer wieder. Doch ist es wirklich so schwierig, die gesellschaftliche Wirkung zu messen oder nur eine Frage der inneren Denkhaltung und des äußeren Willens, einen Konsent[7] dafür zu finden? Gehen wir weiterhin von einer hohen Schwierigkeit aus, quantitative Maßstäbe für soziale Veränderungen zu finden und den Beitrag des Sozialunternehmens dazu zu bewerten. Es ist dennoch die Mühe wert, aus Geld als Selbstzweck wieder ein Mittel für ganzheitlich vernünftige Zwecke zu machen. **Die Messung gesellschaftlicher Wirkung und deren Anerkennung als Währung bzw. Konsequenz für den Organisationswert wird zu einem Wettbewerb darum führen, wer das beste Unternehmen für die Gesellschaft ist, nicht mehr nur für einige wenige und deren finanzielle Verhältnisse.** Letzteres hat uns insgesamt in Unglück gestürzt.

Viele Sozialunternehmen sind auf Drittmittel angewiesen, um ihre Arbeit zu beginnen und fortzusetzen (finanzierungsmodell-basierte Sozialunternehmen, siehe Abschn. 2.1). Diese Abhängigkeit von

---

[7] Eine Entscheidung, die gilt, solange keiner einen schwerwiegenden Einspruch hat.

Drittmitteln, so wie sie derzeit vergeben werden, kann die langfristige Stabilität des Sozialunternehmens beeinträchtigen. Denn das Einwerben von Drittmitteln, die aus Steuergeldern speisen, ist mühsam, weil mit viel Bürokratie verbunden. Insbesondere von kleinen Sozialunternehmen kann das personell nicht gestemmt werden. Der Einsatz von Steuergeldern basiert gemeinhin nicht auf einer nachvollziehbaren sozialen Rendite. Es ist notwendig, dass wir Wege finden und anerkennen, gesellschaftliche Wirkung nachzuweisen – nicht nur für das relativ neue Phänomen der Sozialunternehmen, sondern auch für die Effektivität bestehender Organisationen und Regierungen. Schließlich fließen Steuergelder z. B. auch in durch die Regierung beschlossene Maßnahmen, Unternehmen der Wirtschaft als auch in den Dritten Sektor, die auf Umwelt und Soziales abzielen. Hierbei gibt es verschiedene Gründe, warum man Bedenken oder Unzufriedenheit in Bezug auf die Verwendung von Steuergeldern haben darf:

Mangelnde Transparenz und Rechenschaftspflicht
Niemand weiß wirklich darüber Bescheid, wie Steuergelder verwendet werden, was Zweifel aufkommen lässt, dass Gelder effizient und verantwortungsvoll ausgegeben werden. Zwar ist neben Marken- und Handelsunternehmen sowie Herstellern auch die Bundesregierung seit 2018 aufgefordert, die sozialen und ökologischen Auswirkungen und Risiken des eigenen Geschäfts zu ermitteln (Bündnis für nachhaltige Textilien 2018) – wofür sie bekanntermaßen Steuergelder verwenden – doch hat die Praxis hierzu allenfalls Informationscharakter, nicht aber die Messung der Auswirkungen und der entsprechenden Konsequenzen inhärent.

a. **Fehlende Mitbestimmung:** Bürger haben wenig bis keinen direkten Einfluss auf die Entscheidungen über die Verwendung von Steuergeldern.
b. **Verschwendung und Missmanagement:** Berichte über Verschwendung von Steuergeldern oder ineffizientes Regierungsmanagement untergraben das Vertrauen in die Fähigkeit von Regierung und Organisationen zur effektiven Ressourcennutzung.
c. **Politische Ideologie:** Politische Überzeugungen spielen eine große Rolle bei der Entscheidung über die Verwendung von Steuergeldern.

Menschen mit unterschiedlichen politischen Ansichten haben unterschiedliche Vorstellungen davon, wie Steuergelder am besten eingesetzt werden sollten. **Schaffen wir einen Konsent über die Messung gesellschaftlicher Veränderung, werden Entscheidungen über die Verwendung von Mitteln vernünftiger und weniger willkürlich.**

d. **Skandale und Korruption:** Berichte über Korruption und Skandale im Zusammenhang mit der Verwendung von Steuergeldern untergraben abermals das Vertrauen in die Integrität der Regierung und von Organisationen. Dies führt uns wieder zu Punkt a.

e. **Wirtschaftliche Unsicherheit:** In wirtschaftlich unsicheren Zeiten reagieren Menschen häufig empfindlicher auf Ausgabenentscheidungen bspw. der Regierung, da sie befürchten, dass ihre Steuergelder nicht optimal genutzt werden. Umso wichtiger wird eine konkrete und transparente Wirkungslogik.

Theoretisch sind wir als Demokratie imstande, Chancen und Ergebnisse gerechter zu verteilen und den Eigennutz zu zügeln. Dafür braucht es ein System, in dem Organisationen, die soziale und ökologische Integrität beweisen, erfolgreicher sind als jene, die schlicht eigennützig sind – ein System, das Wirtschaft und Soziales und die entsprechenden Sektoren zusammenführt, sodass sie harmonisch miteinander, aber nicht gegeneinander arbeiten und Kapital als auch Innovation zur Lösung sozialer und ökologischer Belange einsetzen. Ein praktisches und bereits erprobtes Instrument, systemisch gesellschaftliche Herausforderungen gewinnbringend und unternehmerisch zu lösen, sind sogenannte Social Impact Bonds. Sie stellen gewissermaßen eigene Subsysteme dar, deren Logik Verbreitung finden sollte. Schauen wir uns das im nächsten Kapitel einmal genauer an.

2.3 Social Impact Bonds – Lasst uns konkret werden

Um mit der Zeit vermehrt ins Machen zu kommen, werden wir schrittweise praktische Lösungen zur Messung von gesellschaftlicher Wirkung und zur Umsetzung von mehr Sozialunternehmertum kennenlernen,

anerkennen und etablieren müssen. Eine solche Lösung stellen sogenannte Social Impact Bonds (SIB) dar. SIB sind Wirkungspartnerschaf-
ten zwischen verschiedenen Akteuren, darunter Regierungen (öffentliche
Verwaltung), Investoren, gemeinnützige Organisationen und Sozialunternehmen, die darauf abzielen, soziale Probleme anzugehen, die Macher
und Leister positiver gesellschaftlicher Wirkung zu bezahlen und gleichzeitig eine finanzielle Rendite für die Investoren zu erzielen. Es geht also
um die Verbindung von Wirkungsmessung mit einer finanziellen Rendite und die Interessen der genannten Akteure werden in Einklang gebracht. Durch die Verknüpfung der Steigerung von sozialem und öko-
logischem Ergebnis mit der finanziellen Rendite übergeben wir Sozialunternehmen den Schlüssel zur finanziellen Freiheit, an der es ihnen
zur Entwicklung und Skalierung innovativer und wirkungszentrierter
Lösungen derzeit noch weitestgehend mangelt. Die Welt aus der Perspektive von Anlegern betrachtet, wird sich auf Gewinn und Wirkung
konzentriert und der Erfolg anhand messbarer Ergebnisse bewertet. So
gesehen, sind SIB als Anlageinstrument zu verstehen, das in Deutschland
noch relativ unbekannt ist und sich noch im Stadium der Erforschung
von Einsatzmöglichkeiten befindet (Bertelsmann Stiftung)[8].

WIRKUNG bzw. IMPACT = die Maßeinheit einer Handlung, die den Menschen und der Umwelt nutzt. Dabei geht es um mehr als die Minimierung
schädlicher Folgen. Es bedeutet darüber hinaus die positiven Folgen, die
Geschäftsaktivitäten und Investitionen für den Planeten haben.

Doch bevor wir weiter auf SIB eingehen, muss zunächst verstanden
werden, wie Impact bzw. Wirkung zustande kommt. Am besten lässt
sich das anhand des Konzepts der Wirkungskette veranschaulichen
und erklären (siehe Abb. 2.1). Die Kette der Wirkung (auch Chain of
Impact) wird verwendet, um die erforderlichen Schritte und Bestandteile eines Projekts, Programms oder Unternehmens (nachfolgend mit

---

[8] https://www.bertelsmann-stiftung.de/de/unsere-projekte/impact-investing/projektthemen/so-
cial-impact-bonds, abgerufen am 28.05.2024

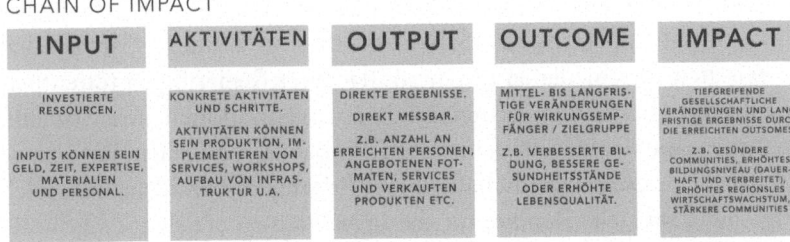

Abb. 2.1   Chain of Impact. (Quelle: Eigene Darstellung)

‚Unternehmung' zusammengefasst) zur Erreichung einer gesellschaftlichen Veränderung zu beschreiben. Schauen wir uns die Bestandteile an:

Inputs (Ressourcen) Die Grundlage für jede Unternehmung bilden die investierten Ressourcen. Inputs können zum Beispiel Geld, Zeit, Fachwissen, Materialien und Personal sein.

Activities (Aktivitäten) Um die Ziele einer Unternehmung zu erreichen, müssen konkrete Aktionen oder Schritte unternommen werden. Aktivitäten können die Durchführung von Programmen und anderen Formaten, Dienstleistungen, die Produktion, der Aufbau von Infrastruktur und andere Maßnahmen umfassen.

Outputs (Ergebnisse) Outputs sind die unmittelbaren Ergebnisse der Aktivitäten. Sie sind direkt messbar i.S. v. in Zahlen auszudrücken und ebenfalls konkret – beispielsweise die Anzahl der erreichten Personen, die Anzahl der bereitgestellten Formate oder die Anzahl der geschaffenen Leistungen und Produkte.

Outcomes (Wirkungen) Hier fängt Wirkung, Wirkungsmessung und – wenn berücksichtigt – der Unterschied zwischen Sozial- und ‚klassischen' Unternehmen erst an. Outcomes sind die langfristigen Veränderungen, die sich aus den erzielten Outputs für die Wirkungsempfänger bzw. Zielgruppe ergeben. Dies könnte beispielsweise eine verbesserte

Bildung, bessere Gesundheitsergebnisse oder gesteigerte Lebensqualität für die Zielgruppe sein.

Intermediate Outcomes (Intermediäre Ergebnisse) Genau genommen, weisen Unternehmungen auch Zwischenergebnisse auf, d. h. Veränderungen oder Fortschritte, die zwischen den unmittelbaren Outputs und den langfristigen Outcomes auftreten. Sie zeigen, ob das Projekt auf dem richtigen Weg ist, um die beabsichtigten Wirkungen zu erzielen.

Impact (gesellschaftliche Wirkung) Der Impact ist die tiefgreifende gesellschaftliche Veränderung und das langfristige Ergebnis, das durch die erzielten Outcomes entsteht. Es sollte im Bewusstsein und das übergeordnete Ziel einer jeden Unternehmung sein, da jeder Ressourceneinsatz und die damit verbundenen Aktivitäten einen nachhaltigen Einfluss auf die Gesellschaft haben. Impact-Beispiele sind gesündere Gemeinden, erhöhter Bildungsstand (dauerhaft und in der Fläche), Steigerung des lokalen Wirtschaftswachstums, stärkere Gemeinschaften.

Die Wirkungskette ist nützlich, um die verschiedenen Schritte und Zusammenhänge von Unternehmungen, wie etwa die Umsetzung eines SIB, zu visualisieren und zu verstehen. Sie hilft dabei, sicherzustellen, dass Ressourcen effektiv eingesetzt werden, um positive soziale Veränderungen herbeizuführen, und dass der Erfolg gemessen und nachverfolgt werden kann. Aktuell werden in vielen Projekten und Programmen nicht etwa die Outcomes fokussiert und gemessen – geschweige denn der Impact, denn dies bedürfe einen weitaus längeren Zeitraum und mehr Ressourcen – sondern es werden lediglich die Aktivitäten und Outputs als Grundlage der Erfolgsmessung herangezogen. Das lässt sich schlicht dadurch erklären, dass Outputs leichter zu messen sind. Traut man Projektmitarbeitern und -verantwortlichen denn nicht mehr zu? Outputs sagen über den Erfolg einer Unternehmung leider wenig aus. Nur weil ich einhundert Workshops durchgeführt habe, bedeutet es noch nicht, dass es die gewünschten langfristigen Veränderungen bei der Zielgruppe bewirkt hat und schon gar nicht, wenn ich darauf gar nicht recht abziele. Im Gegenteil – den vermeintlichen

Erfolg einer Unternehmung allein an Outputs, sprich die bloße Anzahl von Formaten, erreichten Personen, errichteter Infrastruktur etc., zu binden, setzt die falschen Anreize für durchführende Akteure, die Quantität über Qualität der durchgeführten Aktivitäten heben könnten und zusätzlich Zeit verschwenden für wertlose Protokolle und Berichte des Durchgeführten.

2.3.1 Was es für die Umsetzung eines SIB braucht

Die Umsetzung eines SIB erfordert eine sorgfältige Planung und Koordination verschiedener Schritte und Akteure. Die grundlegenden Elemente sind:

a. Ein gesellschaftliches Problem
b. Outcome Payer: Wirkungsorientierte Auftraggeber, wie z. B. Regierungen mit Steuergeldern im Topf oder auch Stiftungen mit ausreichendem Stiftungskapital
c. Outcome Bringer: Soziale Dienstleister, wie z. B. Sozialunternehmen oder Wohlfahrtsverbände
d. Outcome Funder: Investoren, wie z. B. Philanthropen, Impact Investoren, Family Offices, Stiftungen oder auch Unternehmen
e. Eine finanzberatende Instanz
f. Einen unabhängigen Gutachter (z. B. eine Wirtschaftsprüferin)

2.3.2 Was für die Umsetzung eines SIB zu tun ist

1. **Das soziale Problem identifizieren:** Zunächst muss ein konkretes soziales Problem identifiziert werden, das durch den Einsatz eines SIB gelöst werden soll (z. B. Bildungsungleichheit, Arbeitslosigkeit oder eine bestimmte Rückfallquote). Es muss von allen beteiligten Akteuren verstanden und als relevant erachtet werden.
2. **Die Stakeholder auswählen:** Es ist einer der ersten Schritte, die relevanten Stakeholder, die in die Umsetzung des SIB involviert sind (siehe oben Punkte b bis f), zu identifizieren und für das gemeinsame Unterfangen zu gewinnen. Insbesondere die ausführenden Akteure,

etwa Sozialunternehmen und soziale Organisationen, sind entscheidend. Auch mit den Investoren für die Finanzierung des SIB steht und fällt die gesamte Unternehmung.

3. **Die Wirkungsziele festlegen:** Anschließend müssen klare und messbare Ziele (mindestens Outcomes!) festgelegt werden, die als Grundlage für die Erfolgsmessung und die Auszahlung der Investoren dienen. Festgelegte Ziele und Messgrößen dienen auch der Gewinnung von Mitstreitern für die Umsetzung der Unternehmung. Sie sollten schließlich mit allen Beteiligten besprochen und von allen gutgeheißen werden.

4. **Die Erfolgsmessung und Datensammlung bestimmen:** Den festgelegten Wirkungszielen sind die passenden Messgrößen bzw. Indikatoren zuzuordnen, mit denen sichergestellt wird, dass die Ziele erreicht werden. Hier entstehen, je nach Problemstellung, ganz individuelle Systeme zur Erfolgsmessung und Datensammlung.

5. **Sich zum Auszahlungsmechanismus einigen:** Es wird ein klarer Mechanismus zur Auszahlung der Investoren basierend auf dem Erreichen der Wirkungsziele festgelegt. Dies kann gestaffelt oder gestuft sein, abhängig von den Aktivitäten und Leistungen.

6. **Die Kommunikation und Berichterstattung klären:** Die transparente Kommunikation und regelmäßige Berichterstattung unter den Stakeholdern sind wichtig, um das Vertrauen und die Unterstützung für den SIB aufrechtzuerhalten. Es empfehlen sich kurze Wege, gute zwischenmenschliche Verhältnisse und einen geringen Berichtaufwand für die Outcome Bringer zu pflegen. Es ist bereits viel gewonnen, wenn nicht die Outputs zur Ergebnismessung herangezogen werden.

7. **Verträge und schriftliche Vereinbarungen aufsetzen:** Es werden Verträge und Vereinbarungen zwischen den beteiligten Parteien geschlossen. Sie umfassen unter anderem Vereinbarungen über die Wirkungsziele und ihre Messgrößen, die Leistungen, die Finanzierung und die Auszahlungsbedingungen für Investoren.

8. **Evaluationen und Anpassungen durchführen:** Während der Laufzeit des SIB werden fortlaufende Bewertungen bzw. Reflektionsrunden durchgeführt, um sicherzustellen, dass die Ziele erreicht werden. Outcome Bringer reflektieren ihre Aktivitäten gemeinsam mit ihren Wirkungsempfängern. Bei Bedarf werden Anpassungen vorgenommen.

> **Die Bedeutung von Sozialunternehmertum für den Staat**
>
> SIB basieren auf einer wichtigen Annahme, die plausibel zu argumentieren ist: Die Arbeit von Sozialunternehmen hilft der Regierung und damit einem ganzen Volk, Geld einzusparen, weil sie gesellschaftliche Probleme in ihrer Ursache angreift und somit langfristig hohe Folgekosten vermeidet.

Eine praktische Bedingung daraus für die Umsetzung eines SIB lautet, dass einen Teil dieses eingesparten Geldes die Investoren als auch die von ihnen finanzierten Sozialunternehmen einstreichen können. Die Umsetzung eines SIB ist ein komplexer Prozess, der die Zusammenarbeit der oben genannten Interessengruppen erfordert. Eine sorgfältige Planung, klare Vereinbarungen und eine robuste Erfolgsmessung sind entscheidend für den Erfolg eines SIB. Im Grunde handelt es sich um einen wirkungsorientierten Werkvertrag zwischen dem Outcome Payer, dem Outcome Bringer und dem Outcome Funder. Der Vertrag zwischen diesen drei Akteuren wird wie gesagt unter anderem über die Ziele, Fristen und Zahlungen geschlossen. Outcome Payer ist der Auftraggeber, wie z. B. eine öffentliche Verwaltung, offizielle Hilfsorganisation oder Stiftung. Dieser beauftragt den Outcome Bringer (z. B. ein Sozialunternehmen), ein bestimmtes Wirkungsziel zu erreichen. Der oder die Outcome Funder – sozial motivierte Investoren – stellen die Finanzierung der Durchführung bereit. Dadurch wird das finanzielle Risiko des Auftraggebers maximal verringert. Bleiben die Ergebnisse hinter den Zielvorgaben der entsprechenden vertraglichen Einigung zurück, verlieren die Investoren ihr Geld. Dadurch haben sie faktisch eine Spende geleistet. Werden die Ziele erreicht, erhalten die Investoren ihre Investition zurück, zuzüglich einer Rendite, die mit dem Umfang der erreichten Ergebnisse ansteigt. Der Outcome Payer zahlt die Investoren aus (es können mehrere Investoren für einen SIB gesammelt werden, z. B. mehrere Stiftungen), nachdem die aus der Unternehmung erwartete gesellschaftliche Veränderung erzielt wurde. Statt dass die Outputs im Mittelpunkt der Bewertung des Unterfangens stehen und damit Parameter wie z. B. Anzahl an Formaten, Anzahl Teilnehmende oder Anmeldezahlen etc., herrscht die Konzentration auf den Outcomes und damit der Wirkung auf und für die Zielgruppe, wie z. B. die Senkung einer Rückfallquote von ehemaligen Strafgefangenen – mit diesem Beispiel denken wir weiter. Somit werden Wirkungsergebnisse finanziert, keine Aktivitäten. Dabei schafft die SIB-Logik die Flexibilität, die Maßnahmen so auszuführen und anzupassen, dass nicht etwa die meisten, sondern die besten Ergebnisse erzielt werden. Ausführende Akteure können experimentieren, iterativ vorgehen und innovativ sein. Was der Outcome Payer bei Zielerreichung auszahlen muss, steht im Verhältnis zu den Einsparungen, die durch die Maßnahmen realisiert werden. So sollten dann die Anfangsinvestitionen gezahlt werden können (an die Investoren), zuzüglich eines Zinssatzes und ggf. einem Betrag für das ausführende Sozialunternehmen. Es darf durchaus angenommen werden, dass bspw. eine Regierung am Ende nur 30–50 % des Geldes ausbezahlt, das sie sonst zum Beispiel für Gerichte und Gefängnisse oder Arbeitslosengelder ausgegeben hätte.

2.3.3 Warum SIB noch nicht weit verbreitet sind

Trotz des enormen Potenzials und aller Praktikabilität sind SIB äußerst selten. SIB verknüpfen Finanzierungsflüsse mit Wirkungszielen. Staatliches Handeln kann so verstärkt an messbaren Leistungen ausgerichtet und die Qualität gesteigert werden. Staatliche Programme setzen darüber hinaus häufig erst dort an, wo Probleme bereits bestehen. Durch SIB erhalten die Beteiligten mehr Flexibilität, um verstärkt präventive Maßnahmen umzusetzen. Dadurch wird identifizierten Zielgruppen frühzeitig geholfen und langwierige negative Konsequenzen vermieden. Neuartige, potenziell hochwirksame Interventionen können durch SIB erprobt und verbreitet werden. Doch wie es mit so manchen guten Dingen ist, gibt es vor allem zwei Gründe, die erklären, weshalb sich nicht zahlreiche Akteure mit allen Mitteln bemühen, sie umzusetzen: Unbekanntheit und assoziierte Komplexität.

Unbekanntheit und mangelndes Verständnis
Das noch relativ neue Finanzierungsinstrument ist schlicht nicht allgemein bekannt. So besteht auch kein vollständiges Verständnis darüber

bei potenziellen Stakeholdern. Man weiß nicht, wie SIB funktionieren oder wie sie implementiert werden können. Die Verbreitung der hohen Kunde dürfte entsprechend Abhilfe schaffen.

Komplexität

Die Einrichtung und Umsetzung von SIB erfordert eine komplexe Struktur, die bspw. Regierungen, Investoren und soziale Organisationen in Bezug auf die Umsetzung von Lösungen für gesellschaftliche Probleme nicht gewohnt sind. Doch solange für Transparenz, gute Informationsflüsse sowie eine wohlwollende Kommunikation gesorgt ist, wird aus ‚komplex' niemals ‚kompliziert' und die Unternehmung ist stets von allen Akteuren verstanden und analysierbar – auch wenn Vorhersagen aufgrund vielseitiger Wechselwirkungen innerhalb des Systems schwerlich möglich sind.

Der Einsatz von SIB bietet sich zur Bekämpfung sozialer Problemlagen an, die für die öffentliche Hand von hoher Bedeutung sind. Diese Bedeutung kann in einer hohen Anzahl an Betroffenen, einem Mangel an wirksamen Maßnahmen oder hohen Kosten für laufende Interventionen begründet sein. Ein SIB konzentriert sich darauf, gewünschte Wirkungsziele zu definieren und zu adressieren, anstatt übliche lineare Interventionen zu finanzieren. Die Stärke von SIB ergibt sich aus der Neudefinition sozialer und ökologischer Herausforderungen als Investitionschancen – eine neue Anlagekategorie, deren Rendite nicht aufgrund von Börsenentwicklungen oder Zinsen schwankt. Bei SIB kommt mehr Geld zusammen und es können sich mehrere ausführende Akteure, wie Sozialunternehmen, zusammenschließen und zusammenarbeiten, für gebündelte Kompetenzen, mehr Reichweite und Wirkung. Die Konzeption und Umsetzung von SIB ist denkbar komplexer als die von herkömmlichen Zuwendungen, da es gleich drei Stakeholdergruppen betrifft. Wer übrigens mit wem zuerst spricht und von wem die Initiative ausgeht, spielt insgesamt keine Rolle. Feststeht, es werden zahlreiche Gespräche geführt werden müssen. Noch nicht erprobt, führt das zu erhöhten Transaktionskosten, doch Leichtigkeit und Geschwindigkeit der Umsetzung werden stetig besser. **Wir sollten uns komplexe Unternehmungen zutrauen, nicht weiter auf der Stelle treten und verzweifeln an bestehenden Praktiken.** Mit zunehmender Erfahrung harmonisieren sich die Bedingungen und Outcome-Metriken.

Professionelle Outcome Funds bzw. SIB-Investmentfonds dürften dann auf den Markt drängen, beispielsweise gespeist aus nachrichtenlosen Vermögen,[9] für die es noch ein Gesetz ihrer Zuwendung für entsprechende gesellschaftliche Zwecke zu verabschieden gilt.

2.4 Impact-Denken und Wirkungsmessung

„Die Wirtschaft ist ohne den sozialen Aspekt Barberei; der soziale Aspekt ohne die Wirtschaft eine Utopie." (Unbekannt). So wahr die Aussage, so fraglich ist es, ob (multinationale) Unternehmen wie Danone, Adidas, McDonalds und Apple, die sich allenfalls auf einzelne Bereiche in puncto Impact konzentrieren, tatsächlich eine spürbar positive Wirkung entfalten können. Schließlich kann ein Unternehmen über eine Facette seiner Aktivitäten zwar eine willkommene Wirkung erzielen, über andere kann es jedoch auch weiterhin für nachteilige Auswirkungen sorgen. Aus diesem Grund ist es von entscheidender Bedeutung, dass Unternehmen das Ziel verfolgen, über alle Geschäftsaktivitäten hinweg netto den größtmöglichen positiven Impact zu erzielen. Dafür dürfen gerade große Konzerne Nachhaltigkeitsberichte erstellen.[10] Doch Nachhaltigkeitsberichterstattung und Wirkungsmessung sind zwei unterschiedliche Konzepte: *Nachhaltigkeitsberichterstattung* bezieht sich auf die Offenlegung von Informationen über die ökologischen, sozialen und wirtschaftlichen Aktivitäten von Organisationen und deren angenommene Auswirkungen. Der Bericht kann verschiedene Aspekte abdecken, einschließlich Umweltauswirkungen, soziale Verantwortung, Governance-Praktiken, ethisches Verhalten, Mitarbeiterengagement und mehr. Der Hauptzweck besteht darin, Transparenz über die (positiven) Aktivitäten und Leistungen einer Organisation in Bezug auf Nachhaltigkeit zu schaffen. Es soll Stakeholdern, wie Investoren, Kunden,

---

[9] Werte, bei denen sich der oder die Besitzerin nicht mehr ausfindig machen lässt.

[10] Organisationen wie die Global Reporting Initiative (GRI), das Sustainability Accounting Standards Board (SASB) und die Task Force on Climate-related Financial Disclosures (TCFD) arbeiten daran, Standards und Leitlinien für die Berichterstattung über soziale und ökologische Auswirkungen zu entwickeln.

Mitarbeitern und der breiten Öffentlichkeit helfen, die Bemühungen einer Organisation in Bezug auf Nachhaltigkeit zu verstehen und einzuschätzen. *Wirkungsmessung* bezieht sich darauf, inwieweit die Aktivitäten einer Organisation tatsächlich positive oder negative Auswirkungen auf die Umwelt und die Gesellschaft haben. Sie konzentriert sich darauf, quantifizierbare Daten zu sammeln und zu analysieren, um zu bewerten, wie sich die Handlungen einer Organisation auf verschiedene Interessengruppen und die Umwelt auswirken. **Der Hauptzweck der Wirkungsmessung besteht darin, sicherzustellen, dass die Bemühungen einer Organisation tatsächlich positive Auswirkungen haben und nicht nur auf der Ebene der Absicht oder Ankündigung bleiben.** Gemeinsam bieten Nachhaltigkeitsberichterstattung und Wirkungsmessung ein umfassendes Bild davon, wie eine Organisation nachhaltige Praktiken implementiert und welchen Einfluss sie auf ihre Umgebung hat. Das eine ohne das andere ist nicht zielführend. Über etwas zu berichten, das ich nur beabsichtige und ungefähr annehme, gibt mir als verantwortungstragender Organisation zu viel Spielraum zum Pfuschen. Soziale und ökologische Nachhaltigkeit ordentlich zu messen und danach zu wirtschaften, ohne darüber zu berichten – nun, das wäre schon ok. Doch besser ist, man kümmert sich um Transparenz.

WIRKUNGSMESSUNG

Ist der Prozess der Analyse, Überwachung und des Managements der wirtschaftlichen, sozialen und ökologischen Folgen der Geschäftstätigkeit, sowohl positive als auch negative, unabhängig von der Absicht der Geschäftstätigkeit (Grünhaus, Rauscher 2021).

Auch wenn bisher noch nicht en Detail aufgeschlüsselt, entwickelt sich aus dem Beispiel des Social Impact Bonds die Erkenntnis, dass ökologische und insbesondere auch soziale Wirkung organisationsübergreifend messbar und vergleichbar ist, wenn man sich innerhalb eines Akteurskreises einig ist. Das verändert dann jede Entscheidungsfindung hinsichtlich Konsums, Beschäftigung und Investments. Um das Verhalten von Investoren und Organisationen (von Wirtschaftsunternehmen ganz besonders) zu verändern, ist es essenziell, positive wie negative soziale und Umweltauswirkungen von Organisationen auf eine Art zu messen, die für jedermann verständlich ist. Bislang hat sich kein verlässlicher Weg zur Ermittlung und Integration der Auswirkungen von Unternehmen gezeigt. Das allein wird aber noch nicht reichen. **Es ist erst zu Ende gedacht, wenn sich externe Effekte, negative wie positive, allgemein anerkannt auf den Organisationswert auswirken** und Organisationsleitungen wie auch -mitglieder so den klaren Anreiz haben, kurz gesagt, Gutes zu tun, um den Organisationswert zu steigern.

Schaut man sich die etwa 150 verschiedenen Wirkungsmessmethoden an, kommt man auf folgende Punkte: Erstens sind existierende Messmethoden darauf ausgelegt, (von Geldgebern) vorab vorgegebene Ergebnisse zu messen (abhängig von der Geschäftstätigkeit) und sind – wie bereits erwähnt – häufig auf die Aktivitäten und Outputs ausgerichtet, anstatt auf eine umfassendere, ganzheitliche Wirkung. Zweitens sind eine viel größere Zugänglichkeit und Transparenz der Messmethoden erforderlich. Drittens konzentrieren sich bestehende Methoden zu sehr auf Umweltfaktoren, sprich das E in ESG (Environmental Social Governance – zu Deutsch: Umwelt, Soziales und Unternehmensführung)[11] und das spiegelt sich auch in der praxisrelevanten EU-Taxonomie wider. Sie beschreibt einen Rahmen, um nachhaltige Wirtschaftstätigkeiten innerhalb der EU allgemeingültig zu klassifizieren. D. h. zum einen wird die Rolle der Geschäftstätigkeit und damit verbundener finanzieller Gewinne als Teil einer gesamtgesellschaftlichen Wirkung unterschätzt bzw. ignoriert und die Trennung zwischen sozial-ökologischer und der wirtschaftlichen Dimension aufrechterhalten. Zum anderen sind die Vorgaben hinsichtlich der sozialen Taxonomie, verglichen mit ökologischen Standards, wenig an der Zahl und wenig konkret. So kann es sich kaum ergeben, dass beispielsweise die EU-Taxonomie eine hohe Bedeutung am Kapitalmarkt erhält und für Unternehmen und Investoren als Maßstab gesehen wird. Nichtsdestotrotz erkennen Investoren anhand der Kriterien und Messgrößen der EU-Verordnung, wenn sie wollen, ob ein Unternehmen

---

[11] Kriterien und Rahmenbedingungen für die Berücksichtigung von Umwelt-, Nachhaltigkeits- und Sozialfragen innerhalb von Unternehmensführungen, öffentlichen Körperschaften, Regierungen und Behörden.

als sogenannte ESG-Anlage eher nachhaltig ist oder eher nicht. So sollen schließlich mehr Gelder in nachhaltige Unternehmen und Technologien gelenkt werden. Das gewünschte Ausmaß könnte aber, wie angedeutet, unerreicht bleiben, da der Geldwert, insbesondere auf kurze Sicht, nach wie vor eine wichtigere Rolle spielt für den Organisationswert. Damit unterscheiden sich ESG-Anlagen von Impact Investments, die finanzielle Rendite und gesellschaftliche Wirkung vereinen, dafür aber noch selten in der Praxis zu finden sind. Ein weiterer Unterschied liegt darin, dass bei Impact Investments nicht nur eine negative Auswirkung vermieden, sondern eine positive erzielt werden soll. Darüber hinaus setzt es die Messung des erreichten Impacts voraus. ESG-Investitionen nehmen keine Messung vor, sondern beurteilen i. d. R. die Auswirkungen der Strategien von Organisationen anhand einer qualitativen, nicht standardisierten Methode. Eine solche Schätzung ist ungenau und macht verlässliche Vergleiche zwischen Unternehmen unmöglich. Hinzu kommt, dass ESG-Ratings zwar individuell für jedes Unternehmen, aber innerhalb einer Branche normiert, erstellt werden. Das ist förderlich, weil praktikabel, doch so kann das beste Unternehmen innerhalb einer Branche ein sehr hohes ESG-Rating bekommen, auch wenn die Branche an sich nicht sehr nachhaltig ist, wie zum Beispiel die Erdölindustrie. ESG-Kennzahlen bewerten darüber hinaus zwar das Risiko einer Investition bezüglich der Bereiche Umwelt, Soziales und Unternehmensführung. Inwieweit ein Unternehmen mit seinen Produkten und Dienstleistungen Lösungen für globale Probleme liefert, bleibt im Dunkeln. Kurzum, ESG-Ratings erfassen, wie ein Unternehmen operiert, nicht aber, was es produziert.

ESG

Die 2004 erschienene Arbeit „Who Cares Wins" (Hagart, Knoepfel 2004) war die Geburtsstunde von ESG, das sich als Konzept vom bis dahin dominanten SRI (Socially Responsible Investment) abspaltete. ESG war der Versuch, den bis dato schwammigen Definitionen von Ethik, Nachhaltigkeit oder Verantwortung zu entkommen und stattdessen die finanziellen Risiken von nicht nachhaltigen Unternehmensstrategien zu quantifizieren. Beispielsweise könnten Umweltauswirkungen zu rechtlichen Problemen führen, schlechte Arbeitspraktiken könnten zu einem Fachkräftemangel führen und schlechte Governance könnte das Vertrauen der Anleger beeinträchtigen.

Sehen wir uns auch den Unterschied zur Philanthropie und Corporate Social Responsibility (CSR) an: Letztere konzentrieren sich darauf, etwas zurückzugeben bzw. Schäden zu minimieren, die der Gesellschaft entstehen. Der Impact-Ansatz erfordert, zur Optimierung der Wettbewerbsfähigkeit die Lösung sozialer Probleme in ihrem Ursprung anzugehen, was durch neue Kunden und Märkte, Kosteneinsparungen, die Bindung von Mitarbeitern u. v. m. erfolgt. Die Vorteile des Impact-Denkens betreffen den Gewinn schon jetzt aufgrund von Entscheidungen bzgl. der Ressourcen, des Konsums, der Beschäftigung und Investitionen. Wenn die damit einhergehende Wirkungsorientierung im gesamten Unternehmen eingebettet, die Generierung negativer Auswirkungen minimiert und sich darauf konzentriert wird, die positive Wirkung auszubauen, bedeutet das für die meisten Unternehmen einen neuen Unternehmenszweck: Es ist dann Ziel, sogenannte Shared Values zu generieren und nicht per se Gewinne zu erwirtschaften. Ein Businessplan, der das Wohlergehen von Konsumenten, Lieferanten, Mitarbeitenden und Umwelt nicht im Blick hat, ist dann ein schlechter Businessplan – aktuell noch nicht unbedingt.

SHARED VALUE

Shared Value (zu Deutsch: geteilter Wert) ist ein 2011 eingeführtes Konzept, das in der Wirtschaft verwendet wird und darauf abzielt, langfristigen wirtschaftlichen Erfolg für Unternehmen mit sozialer Verantwortung zu verknüpfen. Im Kern geht es um die Erkenntnis, dass der wirtschaftliche Erfolg und das Wohl der Gesellschaft nicht zwangsläufig gegensätzliche Ziele und dass soziale und Umweltfragen nicht nur ethische Überlegungen sind, sondern auch Chancen für Innovation und Wachstum bieten. Anstatt lediglich traditionelle Formen der Wohltätigkeit und Spenden zu unterstützen, suchen Unternehmen nach Möglichkeiten, gesellschaftlichen Nutzen und wirtschaftlichen Gewinn miteinander zu verknüpfen. Das Shared Value-Konzept hat drei zentrale Elemente:

1. Die Neudefinition des Unternehmenszwecks: Unternehmen erweitern ihren Zweck über die reine Gewinnmaximierung hinaus und konzentrieren sich darauf, sozialen Nutzen zu schaffen.
2. Die Identifikation von Geschäftsmöglichkeiten: Unternehmen identifizieren Chancen, bei denen sie durch die Lösung gesellschaftlicher Probleme einen wirtschaftlichen Nutzen generieren, sodass Geschäftsmodelle auf sozialen und ökologischen Verbesserungen basieren.

3. Die Messung des Erfolgs: Unternehmen bemühen sich um die Quantifizierung ihrer Shared Values und messen Ergebnisse in Bezug auf sowohl den sozialen Nutzen als auch den wirtschaftlichen Gewinn.

Beispiele für Shared Value-Aktivitäten können die Förderung von Bildung und Fähigkeiten zur Verbesserung der Arbeitskräftequalifikationen und -produktivität sein oder die Entwicklung umweltfreundlicher Produkte und Produktionsverfahren, die Kosten senken und die Umweltauswirkungen verringern, aber auch Investitionen in die Gesundheitsfürsorge und Prävention, die die Arbeitsfähigkeit und Produktivität der Belegschaft verbessern. Shared Values tragen dazu bei, eine nachhaltigere und integrativere Wirtschaftsweise zu fördern, bei der Unternehmen und die Gesellschaft gleichermaßen profitieren.

Die Arbeit an den Impact-Kennzahlen und der Bewertung von Impact ist in der Tat komplex und, wie eingangs erwähnt, in vielen Bereichen noch nicht so weit fortgeschritten, dass ein vollständig einsatzfähiges System für die Messung und Vergleichbarkeit der realen Nettoauswirkungen von Organisationen existiert. Wenn wir uns die Gründe dafür vor Augen führen, können im nächsten Schritt Lösungen diskutiert und entschieden werden:

2.4.1 Warum noch kein einsatzfähiges System für die Messung und Vergleichbarkeit der realen Nettoauswirkungen von Organisationen existiert

- **Vielfalt der Auswirkungen:** Organisationen können eine breite Palette von sozialen und ökologischen Auswirkungen haben. Diese Auswirkungen können je nach Branche, geografischem Standort und Geschäftsmodell erheblich variieren. Das macht es schwierig, allgemeingültige Metriken und Standards zu entwickeln, die auf viele oder gar alle Unternehmen anwendbar sind. Es ist denkbar, Organisationen und relevante Akteure hierfür in sinnvolle Cluster zusammenzubringen.

- **Komplexe Wirkungsketten:** Die Auswirkungen von Organisationen können nicht nur vielfältig sein, sondern auch Teil einer komplexen Kausalitätskette, deren Identifizierung und Aufschlüsselung herausfordernd ist. Aber wenn wir zum Mond fliegen können, sollten wir auch in der Lage, hierfür sinnvolle Rahmen und passende Strukturen zu schaffen.

- **Datenverfügbarkeit und -qualität:** Die Verfügbarkeit von zuverlässigen Daten zur Messung von sozialen und ökologischen Auswirkungen ist häufig noch begrenzt. Organisationen müssen Anstrengungen unternehmen und die entsprechenden Kompetenzen aufbauen, um die notwendigen Daten zu sammeln und zu verifizieren. Zum Glück können Daten und der Umgang mit ihnen auch Spaß machen. Zum Glück ist dem Menschen nahezu kein Schritt zu viel, wenn ihm die allgemeine Sinnhaftigkeit und individuelle Wirksamkeit bewusst ist.

- **Unterschiedliche Bewertungsmethoden:** Es gibt keine allgemein akzeptierte, sondern verschiedene Ansätze und Methoden zur Bewertung von Auswirkungen. Das führt zu Unsicherheiten bei den Anwendern und möglichen Abweichungen in den Ergebnissen.

- **Zeitliche Dimension:** Die Auswirkungen von Organisationen können sich im Laufe der Zeit verändern und es ist wichtig, langfristige Auswirkungen zu berücksichtigen. Das erfordert eine kontinuierliche Überwachung und Aktualisierung der Daten und Bewertungsmethoden als auch die erforderlichen Ressourcen dafür.

- **Anreize und Interessenkonflikte:** Manche Organisationen haben aktuell Anreize, ihre negativen Auswirkungen in einem positiven Licht darzustellen oder sie im Verborgenen zu lassen, was zu Interessenkonflikten führen kann. Allerdings, wenn es sich für alle lohnt, das nicht zu tun und wenn alle mitmachen, sollte dieser Grund entfallen.

Trotz dieser Herausforderungen gibt es Fortschritte bei der Entwicklung von Impact-Kennzahlen und -Bewertungsmethoden. Die Entwicklung eines umfassenden Systems zur Messung und Vergleichbarkeit von Impact wird weiterhin Zeit und Zusammenarbeit erfordern, damit sich die Praktiken und Erkenntnisse in diesem Bereich weiterentwickeln.

2.4.2 Wie ein einsatzfähiges System für die Messung und Vergleichbarkeit der realen Nettoauswirkungen von Organisationen entwickelt werden kann

- **Branchenspezifische Metriken & Kollaboration zwischen Organisationen:** Unterschiedliche Branchen haben unterschiedliche Einflüsse auf die Gesellschaft und die Umwelt. Indem man sich auf branchenspezifische Herausforderungen und Chancen konzentriert, können relevante und aussagekräftige Metriken entwickelt werden. Die Vielfalt der Auswirkungen und komplexe Wirkungsketten werden so eingegrenzt und besser händelbar. Organisationen in der gleichen Branche arbeiten zusammen an gemeinsamen Metriken und Standards. Solche Brancheninitiativen tragen zu Konsistenz, Vergleichbarkeit und Kontrolle bei. Es ist aber, wie oben erwähnt, wichtig, zu hinterfragen, ob Branchen insgesamt noch zeitgemäß und nachhaltig sind.
- **Multi-Stakeholder-Engagement:** Optimalerweise werden verschiedene Interessengruppen involviert, einschließlich Vertreter aus der Industrie, NGOs, Regierungen und der Zivilgesellschaft. Ein breites Spektrum von Perspektiven trägt dazu bei, umfassende und ausgewogene Metriken zu entwickeln, die die verschiedenen Aspekte der sozialen und ökologischen Auswirkungen berücksichtigen. So wird sich auf eine Bewertungsmethode geeinigt und die Datenverfügbarkeit und -qualität sichergestellt. Ein solches Vorgehen ist derzeit immer noch absolute Seltenheit.
- **Lokale Anpassung:** Nicht nur branchenspezifische, sondern auch geografische Unterschiede und lokale Bedingungen sollten Berücksichtigung finden. Ein ‚Metrik-Set‘, das in einem Land oder einer Region effektiv ist, muss möglicherweise an die spezifischen Gegebenheiten und Herausforderungen an einem anderen Ort angepasst werden.
- **Ganzheitliche Ansätze:** Beinahe trivial, aber der Vollständigkeit halber genannt, sollte ein System für die Messung und Vergleichbarkeit der realen Nettoauswirkungen von Organisationen ganzheitlichen

Ansätzen folgen, die verschiedene Dimensionen der Nachhaltigkeit berücksichtigen, wie Umweltauswirkungen, Mitarbeiterengagement und ethisches Geschäftsverhalten. Eine umfassende Perspektive hilft, die Komplexität der Auswirkungen zu erfassen.

- **UN Sustainable Development Goals (SDGs):** Die SDGs bieten einen internationalen Bezugsrahmen und Orientierung für alle. Sie können als Ausgangspunkt für die Entwicklung von Metriken dienen, die auf globale soziale und ökologische Herausforderungen abzielen.
- **Integration in die Geschäftsstrategie:** Wenn die Verantwortung für soziale und ökologische Nachhaltigkeit in die Kerngeschäftspraktiken eingebettet ist, werden auch entsprechende Metriken überhaupt und besser in den Geschäftsbetrieb integriert werden.

Es besteht kein Zweifel, dass die Entwicklung von Metriken und Standards, die auf verschiedene Kontexte anwendbar sind, eine umfassende Herangehensweise erfordert. Es ist wichtig, sich dafür auf einen iterativen Prozess einzustellen – zum einen, um sich an sich ändernde Umstände und Erkenntnisse anzupassen, zum anderen um überhaupt einmal ins Machen zu kommen und nicht darauf zu bestehen, erst so lange zu denken und zu diskutieren, bis eine fertige Lösung vorliegt.

3

Ökonomische Innovation

Soziale Innovationen und speziell Sozialunternehmen tragen den sich wandelnden Bedürfnissen der Gesellschaft Rechnung. Die Rechnung für das Lösen gesellschaftlicher Probleme ist hoch und geht gleichzeitig noch nicht auf! Wie wir Risiko, Kapital, Gewinn und Werte systemisch umgestalten und negative sowie positive externe Effekte von Organisationen in die jeweilige Gesamtrechnung internalisieren können, ist Inhalt des nachfolgenden Kapitels. Dabei bewegen wir uns um die Neugestaltung der externen Rechnungslegung, betrachten vorhandene Rahmenbedingungen und Instrumente. Durch Denk- und Rechenbeispiele tasten wir uns voran in Richtung Umsetzung von Wirkungsmessung und gerechter, effektiver Nachhaltigkeit. Zu Ende gedacht wird an dieser Stelle noch nicht. Es ist der Versuch, der Praxis und Politik vernünftige Impulse und konkrete Ansätze zu vermitteln, auf dass darauf alle ins Probieren und Machen kommen mögen.

© Der/die Autor(en), exklusiv lizenziert an Springer-Verlag GmbH, DE, ein Teil von
Springer Nature 2024
L. Leirich, *Sozialunternehmertum, Innovationen und Wirkungsmessung*,
https://doi.org/10.1007/978-3-662-69676-7_3

3.1   Relaunch der Finanzbuchhaltung – hinführende Gedanken

Beginnen wir damit, über Risiko zu sprechen. Unter Risiko verstehen wir die Eintrittswahrscheinlichkeit negativer Folgen, die Organisationen und ihre Stakeholder teuer zu stehen kommen können. Klingt nach einem unbestimmbaren Ding, schließlich kann alles Mögliche passieren. Tatsächlich wurde Risiko früher als nicht messbar betrachtet. Erst in der zweiten Hälfte des 20. Jahrhunderts setzte die Bewertung von Risiken ein und hatte tiefgreifende Auswirkungen auf die Anlageportfolios der ganzen Welt. Die Wissenschaft hat Wege gefunden, die Bemessung über sämtliche Anlageformen hinweg durch verschiedene Modelle und Methoden zu standardisieren,[1] sodass die Definition und Bewertung von Risiko seitdem auf ein und dieselbe Weise erfolgt. Warum wir Risikodenken mit Impactdenken an dieser Stelle in Verbindung bringen? Zum einen, weil Organisationsrisiken, die hinsichtlich ihrer Eintrittswahrscheinlichkeit, ihrer Häufigkeit und ihrer Schadenshöhe zu messen sind, auch (mittel- bis langfristige) soziale, Umwelt- und Governance-Faktoren integrieren sollten – es stellt sich die Frage, wie. Zum anderen, weil sich alle Welt, ähnlich wie mit der Risikomessung, auch mit der Messung von Impact derzeit noch schwertut. **Doch wenn wir uns auch hier bald auf eine standardisierte Bemessung einigen, werden wir erneut enorme tiefgreifende und positive Auswirkungen auf Unternehmen, die Finanzwelt und unsere Gesellschaft erleben.** Der Vergleich ist auch deshalb von Bedeutung, weil Impact noch zuverlässiger gemessen werden kann als Risiko – zumindest nicht schwieriger. Weltweit arbeiten Menschen an der Entwicklung von Methoden zur Messung von Wirkung. Auf welche können und wollen wir uns einigen?

Unser aktuelles System begünstigt Entscheidungen, die auf der Maximierung des finanziellen Gewinns bei minimalem (noch nicht ganzheitlich bewertetem) Risiko beruhen. Es braucht einen Systemwechsel, nach dem die Gewinnmaximierung so gefördert wird, dass die größtmögliche

---

[1] Z. B. Value at Risk (VaR), Capital Asset Pricing Model (CAPM), Modern Portfolio Theory (MPT), Stress Testing.

positive gesellschaftliche Wirkung mit dem geringsten Risiko erzielt wird. Verstanden? Die Rechenformel wird also erweitert. Denken wir weiter. **Wir wissen um die industrielle als auch um die Tech-Revolution. Nun sehen wir uns vor der Impact-Revolution, bei der Impact Investing das Sozialunternehmertum befeuert, wie Risikokapitalinvestitionen die technische Revolution befeuert haben.** Damit Impact Investing wirklich angetrieben und in die Fläche getragen wird, ist ein Rahmenwerk für Finanzberichte erforderlich, in dem sich Impact-Aktivitäten auf die verschiedenen Positionen der Gewinn- und Verlustrechnung (GuV) einer Organisation (z. B. auf Umsatz, Personalaufwand und Herstellungskosten) auswirken oder ein Rahmenwerk, bei dem zumindest Impact-Koeffizienten auf die verschiedenen Positionen angewandt werden, um einen Impact-gewichteten Gewinn zu ermitteln. Letztere Variante schauen wir uns zuerst an. Ein solches Rahmenwerk kann auf der bis heute geleisteten Arbeit zur Impact-Messung aufgebaut werden und braucht allgemein anerkannte Impact-Grundsätze, so wie es die allgemeinen Rechnungslegungsgrundsätze gibt. Sie stellen sicher, dass die Gesamtberichterstattung von Organisationen konsistent, vergleichbar, transparent und verlässlich ist. Wichtige Grundsätze und Rahmenwerke liefern z. B. der Social Return on Investment (SROI) und das Sustainability Accounting Standards Board (SASB).

SASB

Das Sustainability Accounting Standards Board (SASB) ist eine 2011 gegründete Non-Profit-Organisation zur Förderung einer standardisierten und vergleichbaren Berichterstattung über Nachhaltigkeitsfaktoren, die finanziell relevant sind. Das Ziel des SASB besteht darin, Organisationen dabei zu unterstützen, ihre finanziellen Leistungen und ihre Umwelt-, Sozial- und Governance (ESG)-Aspekte besser zu integrieren. Zu den Kernpunkten des SASB gehört sein branchenorientierter Ansatz: Das Board hat für jede Branche spezifische Themen und Indikatoren identifiziert, die für die finanzielle Leistung und das Risikomanagement relevant sind. Diese können beispielsweise Emissionen, Wassernutzung, Arbeitspraktiken, Menschenrechte und Datenschutz umfassen. Darüber hinaus werden, wie bereits angedeutet, nur solche Nachhaltigkeitsfaktoren identifiziert und berichtet, die finanziell relevant sind oder sein könnten. Die Standards zielen darauf ab, den Einfluss von sozialen, Umwelt-und Governancebe-zogenen Faktoren auf die finanzielle Leistungsfähigkeit einer Organisa-tion besser zu erfassen. Sie werden regelmäßig aktualisiert, um relevante Entwicklungen in den Branchen und auf dem Gebiet der nachhaltigen Finanzberichterstattung zu berücksichtigen. So wird die Integration der Nachhaltigkeitsberichterstattung in die Finanzberichterstattung erleich-tert.

SROI

Der Social Return on Investment (SROI) bewertet die sozialen, wirtschaft-lichen und Umweltauswirkungen von Aktivitäten, Programmen oder Investitionen. Anders als herkömmliche finanzielle Messgrößen konzen-triert sich der SROI nicht nur auf finanzielle Renditen, sondern er berück-sichtigt einen erweiterten Wertbegriff, der auch nicht-monetäre soziale und Umweltauswirkungen einschließt. Die Methode wurde entwickelt, um eine umfassendere Bewertung der Wertschöpfung im sozialen Sektor zu ermöglichen und kann auch auf alle anderen Sektoren und Branchen angewandt werden. Zunächst wird der Umfang der zu bewertenden Ak-tivitäten eingegrenzt und festgelegt. Das umfasst die Definition der Ziel-gruppe, Teilaktivitäten und erwartete Ergebnisse. Anschließend werden Inputs, Outputs und Outcomes identifiziert (siehe Abschn. 2.3). Während der SROI großen Wert auf die Einbindung der Stakeholder legt, um si-cherzustellen, dass ihre Perspektiven, Bedürfnisse und Erfahrungen in die Bewertung einfließen (z. B. durch Workshops und Interviews), werden so-ziale und Umweltwerte in finanzielle Termini umgewandelt. Bei diesem Prozess der Wertzuweisung werden den nicht-monetären Ergebnissen mo-netäre Werte zugeordnet durch Methoden, die den finanziellen Wert der sozialen oder Umweltauswirkungen schätzen (z. B. durch Befragungen von Stakeholdern, Vergleiche mit Branchenstandards oder andere Bewer-tungsmethoden). Zum Beispiel können reduzierte Schulabbrecherquoten mit langfristigen Kosteneinsparungen durch geringere Arbeitslosigkeit und höheres Steueraufkommen verbunden werden, oder die Förderung der sozialen Integration kann mit den vermiedenen Kosten für Kriminali-tät und soziale Unterstützung in Verbindung gebracht werden – kurzum, mehr oder weniger direkte finanzielle Einsparungen oder Erträge, die aufgrund der durchgeführten Aktivitäten oder Investitionen entstanden und für alle d'accord zuordenbar sind. Nach der Wertzuweisung werden die finanziellen und monetarisierten Ergebnisse aggregiert, um den Ge-samtwert des Impacts einer Organisation bzw. Aktivität zu bestimmen. Der SROI wird schließlich durch die Division des Gesamtwerts des Impacts durch die Gesamtkosten ermittelt. Dies ergibt eine Kennzahl, die angibt, wie viel Impact-Wert für jede investierte Geldeinheit generiert wird.

SROI-Beispiel 1: Bildungsprogramm für benachteiligte Jugendliche

- *Investition:* Eine Organisation investiert 100.000 € in ein Bildungsprogramm, das benachteiligten Jugendlichen Zugang zu qualitativ hochwertiger Bildung ermöglicht.
- *Gesellschaftlicher Nutzen:* Steigerung der Beschäftigungschancen und daraus resultierende Armutsreduzierung bzw. Senkung der Sozialausgaben.
- *Wirtschaftlicher Nutzen:* Steigerung der Produktivität in Organisationen und Erhöhung der Kaufkraft aufgrund besser bezahlter Arbeit.
- *Monetäre Bewertung:* Basierend auf den langfristigen positiven Auswirkungen könnte der soziale Nutzen auf 500.000 € und der wirtschaftliche Nutzen auf 1.000.000 € geschätzt werden.
- *SROI-Berechnung:* (Gesellschaftlicher Nutzen + Wirtschaftlicher Nutzen)/Investition = (500.000 + 1.000.000)/100.000 = 15

SROI-Beispiel 2: Umweltschutzprojekt zur Aufforstung

- *Investition:* Ein Unternehmen investiert 150.000 € in ein Aufforstungsprojekt, um die Umweltbelastung zu reduzieren und die Biodiversität zu fördern.
- *Gesellschaftlicher bzw. ökologischer Nutzen:* Verbesserung der Luftqualität, Schutz von Lebensräumen, Förderung von Biodiversität, zum Schutz vor Naturkatastrophen wie Überschwemmungen.
- *Wirtschaftlicher Nutzen:* Ein gesünderes Ökosystem kann (langfristig) den Ökotourismus fördern und gleichzeitig Ressourcen für Holz und andere nachhaltige Produkte bieten.
- *Monetäre Bewertung:* Angenommen, der ökologische und soziale Nutzen (z. B. erhöhte Bodenfruchtbarkeit, die zu Ertragssteigerung und Einsparungen bei Düngemitteln und Pestiziden führt) wird auf 800.000 € geschätzt und der wirtschaftliche Nutzen, der sich bspw. in vermiedenen Umweltschäden und erhöhtem touristischen Umsatz quantifizieren lässt, beträgt 400.000 €.
- *SROI-Berechnung:* (Gesellschaftlicher Nutzen + Wirtschaftlicher Nutzen)/Investition = (800.000 + 400.000)/150.000 = 8

SROI-Beispiel 3: Sozialunternehmen für berufliche Integration

- *Investition:* Ein Investor finanziert mit 120.000 € ein Sozialunternehmen, das benachteiligten Menschen durch Schulungen und Arbeitsmöglichkeiten die berufliche Integration ermöglicht.
- *Gesellschaftlicher Nutzen:* Die Teilnehmer gewinnen berufliche Fähigkeiten, Selbstvertrauen und finanzielle Unabhängigkeit.
- *Wirtschaftlicher Nutzen:* Die ehemals Benachteiligten tragen zur Wirtschaft bei und benötigen weniger staatliche Unterstützung.
- *Monetäre Bewertung:* Der SROI könnte den finanziellen Nutzen für die Gesellschaft quantifizieren, indem er die Ersparnisse für staatliche Unterstützung mit 600.000 € und den Beitrag zur Wirtschaftsleistung 300.000 € berücksichtigt.
- *SROI-Berechnung:* (Gesellschaftlicher   Nutzen + Wirtschaftlicher Nutzen)/Investition = (600.000 + 300.000)/120.000 = 7,5

Wie sind die SROI-Kennzahlen von 15, 8 und 7,5 nun zu interpretieren? Die SROI-Kennzahl gibt an, wie viel sozialer und ökologischer Wert für jede investierte Geldeinheit generiert wird. *Ein SROI von 1* bedeutet, dass für jede investierte Geldeinheit ein gesellschaftlicher Wert in Höhe von genau einer Geldeinheit generiert wird. In diesem Fall wäre die Investition sozusagen gerade gesellschaftlich neutral, da der Wert der sozialen und ökologischen Auswirkungen gleich dem investierten Geldbetrag ist. Dies könnte eine Mindestanforderung für Organisationen sein. *Eine SROI-Kennzahl über 1* zeigt an, dass der soziale oder ökologische Wert größer ist als die investierte Geldeinheit. Zum Beispiel bedeutet ein SROI von 7,5, dass für jede investierte Einheit 7,5 Einheiten sozialer oder ökologischer Wert generiert werden. *Ein SROI unter 1* würde darauf hinweisen, dass der gesellschaftliche Nutzen geringer ist als die investierte Geldeinheit. In solchen Fällen könnte die Investition als nicht effektiv und effizient in Bezug auf soziale und ökologische Auswirkungen betrachtet werden. Ein Faktor, der im Vorfeld festzulegen ist, ist der zeitliche Rahmen, auf den sich die Berechnungen des SROI beziehen. Wie die Beispiele zeigen, können sie je nach Projekt, Initiative oder Organisation variieren. Grundsätzlich können sich SROI-Berechnungen auf einen kurzen Zeithorizont von einem

Jahr oder weniger beziehen und ebenso auf mehrere Jahre. Dabei können Projekt- und Programmlaufzeiten als auch eine gewisse Investitionsdauer zugrunde liegen. Letztere ist ein wichtiger Faktor bei der Analyse von Renditen und Risiken einer Investition und eng mit der Wahl der Exit-Strategie verbunden. An den SROI-Beispielen wird deutlich, dass es zwar schon um die Integration gesellschaftlicher Wirkung in das Zahlenwerk einer Organisation geht. Von der Internalisierung sogenannter negativer externer Effekte sprechen wir da noch nicht und in der Bilanz taucht der Impact so auch noch nicht auf. Denken wir daher noch etwas weiter. Auf ein paar Kernprinzipien bei der Entwicklung von allgemein anerkannten Impact-Grundsätzen können wir uns aber jetzt schon einigen:

- **Ganzheitlicher Ansatz:** Bewertung und Messung der Gesamtwirkung einer Organisation sollten verschiedene Dimensionen berücksichtigen, einschließlich ökologischer, sozialer, wirtschaftlicher wie Governancebezogener Faktoren – redundant, aber wichtig. Wir möchten uns schließlich von Green, Pink oder sonstig gefärbtem Washing im wirtschaftlichen Treiben verabschieden.
- **Relevanz und Materialität:** Es gilt Schlüsselaspekte zu integrieren, die für die jeweilige Branche und ihre Organisationen besonders relevant und maßgebend sind. Relevanz bezieht sich vor allem auf die Bedeutung für alle Stakeholder der Organisation, auf die übergeordneten Organisationsziele, die grundsätzlich und selbstredend nicht gemeinwohlschädlich formuliert sein sollten – und auf branchenspezifische Besonderheiten. Materialität meint den tatsächlichen, sichtbaren Einfluss auf Entscheidungen und die finanzielle Leistung bzw. den langfristigen Organisationserfolg.
- **Klarheit und Verständlichkeit:** Die Bewertung und Messung der Gesamtwirkung einer Organisation muss auf klaren Definitionen von Begriffen und Indikatoren basieren, um Missverständnisse zu vermeiden und eine verständliche Kommunikation der Auswirkungen für alle Stakeholder zu ermöglichen.
- **Messbarkeit und Standardisierung:** Die Bewertung und Messung der Gesamtwirkung einer Organisation sollte auf der Festlegung einheitlicher Messmethoden für die verschiedenen Arten von

Auswirkungen als auch auf standardisierten Einheiten und Kennzahlen basieren, um Vergleichbarkeit zu gewährleisten.

- **Transparenz und Offenlegung:** Es bedarf einer klaren Darstellung und unabhängigen Prüfung von Methoden, Annahmen und Datenquellen, ebenso wie der Unsicherheiten und möglichen Risiken bei der Berechnung der Gesamtwirkung von Organisationen.
- **Stakeholder-Beteiligung:** Methoden, Annahmen und Datenquellen sowie die Entwicklung und Überprüfung der Impact-Grundsätze sind unter Einbindung verschiedener relevanter Stakeholder, derer Perspektiven und Interessen zu wählen bzw. vorzunehmen.

Impact-Grundsätze sollten keine Branchen, Organisationsgrößen und regionale Kontexte ausschließen als auch, wie gesagt, die Möglichkeit zur Anpassung an sich ändernde soziale, wirtschaftliche und ökologische Rahmenbedingungen bieten. Die Entwicklung allgemein anerkannter Impact-Grundsätze erfordert einen umfassenden Dialog und koordinierte Anstrengungen, um sicherzustellen, dass sie sowohl den Bedürfnissen der Organisationen als auch den Erwartungen der Gesellschaft gerecht werden. Internationale Gremien, Organisationen für nachhaltige Entwicklung und Expertengruppen arbeiten bereits daran. Das Wichtigste wird wohl die Integration in die Finanzberichterstattung sein. **Für die Integration von Umwelt- und Sozialauswirkungen in die finanzielle Berichterstattung braucht es die Koordination mit bestehenden Rechnungslegungsstandards.**

Die Monetarisierung der Organisationswirkung auf Menschen und Umwelt ermöglicht einen entsprechenden konsequenten Vergleich von Organisationen (einer Branche). Das wird sich auf den Organisationswert und Kapitalströme auswirken – auch wenn noch nicht auf die Bilanz. Direkt Geld in die Kasse von Organisationen spielt das dann aber erstmal noch nicht. Eine ganzheitlich sozial und ökologisch nachhaltige Organisation kann aus finanzieller Sicht dennoch bereits jetzt von bestimmten Argumenten und Vorteilen entsprechender Geschäftspraktiken profitieren. So können Kosten eingespart werden, indem sie beispielsweise Energieeffizienzmaßnahmen umsetzen, den Ressourcenverbrauch reduzieren, Abfall minimieren und dadurch die Betriebskosten senken. Nachhaltige Lieferketten und Zuliefererbeziehungen minimieren Lieferkettenstörungen usw. Risiken von Geldstrafen, Haftungsansprüchen und Reputationsverlusten im Zusammenhang mit sozialen und ökologischen Verstößen werden gemindert und in der Folge auch Versicherungskosten. Steuerliche und finanzielle Anreize vieler Regierungen für nachhaltige Geschäftspraktiken senken die Gesamtkosten einer Organisation weiter, während Fördermittel den Zugang zu Kapital erhöhen. Eine starke soziale und ökologische Nachhaltigkeitsausrichtung stärkt das Markenimage und kann die Kundennachfrage steigern – auch wenn davon noch eher die wirtschaftlich stärkeren Marktsegmente berührt werden. Denn die Realisierung insbesondere sozialer, aber auch ökologischer Nachhaltigkeit (im globalen Kontext) bringt häufig relativ hohe Produktpreise mit sich, weil sich noch nicht alle daran halten und die Bilanzen Impact nicht ausweisen. Nachhaltige Unternehmen sind oft innovativer, agiler und widerstandsfähiger, weil sie auf sich ändernde Marktbedingungen und Kundenbedürfnisse reagieren können, was langfristig Wettbewerbsvorteile schafft. Authentische nachhaltige Organisationen ziehen talentierte Mitarbeitende und deren Engagement an, was die Produktivität steigern und die Fluktuationskosten reduzieren kann. Und doch scheinen all diese Gründe noch nicht Grund genug.

Es stellt sich weiterhin die Frage, ob sich wirklich alle sozialen Bereiche des menschlichen Lebens monetarisieren lassen. Und wollen wir das überhaupt? Wahrscheinlich nicht. **Nichtsdestotrotz besteht an einigen Stellen die sinnvolle Notwendigkeit, gewissermaßen die Sprache der Wirtschaft zu sprechen, um den hohen Wert bestimmter sozialer Bereiche zu kommunizieren.** Wer partout der Ansicht ist, man könne nicht alles in Geld ausdrücken, hat nicht verstanden (oder tut zumindest so), dass es darum geht, anders und richtig zu berechnen, was in den wirtschaftlichen Prozess involviert ist. Werden von Organisationen Leistungen für die Gesellschaft erbracht, müssen sie honoriert werden, werden sie nicht erbracht, bzw. Leistungen von Umwelt und Gesellschaft bezogen, entstehen die Kosten außerhalb der Organisationen und müssen ebenfalls irgendwie bezahlt werden. Nehmen wir die Monetarisierung gesteigerter Lebensqualität als weiteres Beispiel, um ein Gefühl dafür zu entwickeln – eine komplexe Angelegenheit, nicht zuletzt, da

Lebensqualität oft subjektiv ist. Es gibt aber verschiedene Ansätze, mit denen man versuchen kann, gesteigerte Lebensqualität in monetäre Begriffe umzusetzen und darum geht es:

- **Gesundheitsausgaben und Produktivität** – eine verbesserte Lebensqualität ist mit besserer Gesundheit verbunden. Eine monetäre Bewertung könnte sich auf die Reduzierung von Gesundheitsausgaben beziehen, da Menschen mit höherer Lebensqualität tendenziell weniger medizinische Versorgung benötigen. Ebenso führt eine gesteigerte Lebensqualität zu höherer Produktivität am Arbeitsplatz, was wirtschaftliche Vorteile für Unternehmen hat.
- **Wohn- und Immobilienwert** – Eine angenehme Umgebung, Grünflächen, sichere Nachbarschaften und eine gute, gepflegte Infrastruktur steigern den Immobilienwert. Dies könnte als monetärer Indikator für gesteigerte Lebensqualität dienen.
- **Tourismus und lokale Wirtschaft** – Orte mit hoher Lebensqualität sind attraktiv, ziehen mehr Tourismus an und fördern lokale Wirtschaftszweige. Touristische Aktivitäten und lokale Wirtschaftsimpulse könnten als monetäre Indikatoren für gesteigerte Lebensqualität dienen.
- **Arbeitsmarktattraktivität** – Regionen mit hoher Lebensqualität sind attraktiver für Fachkräfte, was Unternehmen anzieht und die Wettbewerbsfähigkeit auf dem Arbeitsmarkt steigert. Das steht in Verbindung mit höheren Einkommen und wirtschaftlichem Wachstum.

Die Monetarisierung von Lebensqualität sowie von anderen sozialen Bereichen des menschlichen Lebens ist mit subjektiven Einschätzungen verbunden, keine Frage. Die finanziellen Vorteile entfalten sich oft erst langfristig und es gehört eine makroökonomische Sicht auf die Dinge dazu. Natürlich ist der Übergang zu einer umfassend nachhaltigen Geschäfts- und Organisationspraxis mit anfänglichen Investitionen und Veränderungen verbunden. Und natürlich werden wir nicht drumherum kommen, mit Annahmen und Schätzungen zu arbeiten.

„Es ist besser, ungefähr richtig zu liegen als präzise falsch." (Unbekannt).

Bei der Wirkungsmessung ist keine 100 %-ige Genauigkeit notwendig. Auch eine 100 %-ig genaue Risikomessung war nicht erforderlich – nur eine zuverlässige. Sobald wir erst einmal mit der Wirkungsmessung beginnen, können wir uns den Spielraum nehmen, eine Impact-Buchhaltung ähnlich der und integriert in die Finanzbuchhaltung im Laufe der Zeit zu verfeinern. Bei den Finanzberichten von heute hat es auch ein knappes Jahrhundert gedauert, bis sie ausgereift waren. Durch entsprechende neue Bilanzierungsmethoden können neue und wirkungsvolle Lösungen zu den drängendsten sozialen und ökologischen Herausforderungen vorangetrieben werden. Indem Unternehmen Anreize geboten werden, Wirkung zu entfalten, um ihren Impact-gewichteten Gewinn zu steigern, werden Impact-gewichtete Berichte dazu beitragen, die wirtschaftliche Disparität zu reduzieren und die Umwelt zu erhalten. Unternehmen dürften dann erst recht motiviert sein, Produkte zu entwickeln, die ein besseres Preis-Leistungsverhältnis bieten, auch unterversorgten Communities dienen, negative Auswirkungen auf die Umwelt reduzieren und positiv darauf Einfluss nehmen. Es entstehen dann regelrecht Anreize, Arbeitsbedingungen zu verbessern, Arbeitnehmer einzustellen, die sonst nicht beschäftigt werden, etc. Kurzum, es würden neue Verhaltensnormen etabliert.

3.2 Relaunch der Finanzbuchhaltung – das Rahmenwerk

Wie könnte nun, weitergedacht, ein Rahmenwerk für Finanzberichte aussehen, in denen Impact-Koeffizienten auf die verschiedenen Positionen der Gewinn- und Verlustrechnung einer Organisation angewandt werden? Zu Anfang bedarf es sicher der prominenten Erläuterung für alle, die es angeht, zur Motivation für die Integration von Impact-Koeffizienten in die Finanzberichterstattung. Sprich, welche klar definierten Ziele werden damit verfolgt und warum sollen Umwelt- und Sozialauswirkungen in die Finanzberichterstattung einfließen. Dabei helfen evtl. die Ausführungen weiter oben. Für die meisten meiner Leser dürften die Ziele und Gründe ohnehin auf der Hand liegen. Direkt darauf muss es um alles rund um die Methodik gehen, d. h. um die Auswahl und

Begründung der Koeffizienten für relevante Umwelt- und Sozialaspekte, um die Beschreibung interner und externer Quellen relevanter Daten und um die Erläuterung der Berechnungsmethoden zur Anwendung der Impact-Koeffizienten auf die GuV-Positionen. Der nächste Schritt wäre dann theoretisch die Gewinn- und Verlustrechnung mit Impact-Koeffizienten. In der GuV werden alle Aufwendungen und Erträge eines Geschäftsjahres zusammengetragen. Durch das Aufschlüsseln der GuV lässt sich sagen, wie der Gewinn entstanden ist und ob das künftig auch noch so sein wird. Darauf kommen wir später erneut zu sprechen. Für alle GuV-Positionen muss daher geprüft und bestimmt werden, ob und wie Umwelt- und Sozialaspekte einbezogen werden können und sollten, zum Beispiel entlang der Wertschöpfungskette [Position Umsatzerlöse], bei der Produktion [Position Materialaufwand] und in den Personalaufwand. Das Rahmenwerk zur Berechnung eines Impact-Gewinns wird schließlich komplett durch die Interpretation der Ergebnisse sowie die Identifikation und Bewertung von Risiken. Für die Ergebnisinterpretation ist die Analyse und Bewertung der Auswirkungen auf den Gesamtgewinn und der Vergleich mit traditionellen Finanzkennzahlen nützlich.

Nochmal auf Anfang: Ein Impact-gewichteter Gewinn könnte eine Kennzahl sein, die versucht, den finanziellen Erfolg eines Unternehmens unter Berücksichtigung seiner sozialen und Umweltauswirkungen zu messen. Die Berechnung kann komplex sein, da sie verschiedene Faktoren berücksichtigen muss. Durch die Anwendung von Impact-Koeffizienten auf finanzielle Positionen der GuV werden die traditionellen finanziellen Kennzahlen um Umwelt- und Sozialaspekte erweitert, um eine umfassendere Sicht auf die Leistung und den Wert einer Organisation zu erhalten. Wir werden abermals feststellen, dass das gar nicht so einfach ist und setzen zumindest schon einmal an. Ist ein separater Nachhaltigkeitsbericht wirklich zielführend oder gehört alles Relevante in einen Zusammenhang und eine Bilanz gebracht?

1. **Identifikation relevanter Einflussfaktoren und Wirkungsziele:** Ein erster logischer Schritt besteht in der Bestimmung der wichtigsten sozialen und Umweltfaktoren, ausgerichtet auf die entsprechenden

Sozial- und Umweltziele, die für eine Organisation relevant sind. Diese Faktoren können je nach Branche und Organisationsaktivitäten variieren. Das sind etwa Umweltauswirkungen, wie z. B. CO_2-Emissionen, Wasserverbrauch und Produktqualität sowie soziale Auswirkungen, wie z. B. Arbeitsbedingungen und Mitarbeitergesundheit. Es könnte sich um eine mittelgroße Organisation handeln, deren Branche einen relativ hohen CO2-Emissionen-Ausstoß hat und relativ personalintensiv betrieben wird. Demnach werden die Ziele ‚CO_2-Emissionenreduktion‘ sowie ‚Erhöhung der Mitarbeitergesundheit‘ verfolgt.

2. **Auswahl von Impact-Koeffizienten:** Ein nächster sinnhafter Schritt könnte sein, Impact-Koeffizienten für diese Umwelt- und Sozialaspekte zu identifizieren und zu wählen, die zu den Organisationsaktivitäten passen und in die Finanzberichterstattung einfließen sollen. Jedem identifizierten Einflussfaktor kann mit dem jeweiligen Impact-Koeffizienten eine Gewichtung entsprechend seiner Bedeutung für die Organisation und die betroffenen Stakeholder zugeordnet werden. Angenommen, eine Organisation hat genau zwei Einflussfaktoren (EF) festgelegt und diese gleichgewichtet (in der Realität wäre diese Liste wohl etwas länger und die Gewichtung durchdachter, siehe weiter unten):

Impact-Koeffizient EF1 für Umweltauswirkungen: 0,5
Impact-Koeffizient EF2 für Mitarbeitergesundheit: 0,5

3. **Zuordnung zu finanziellen Positionen:** Als nächstes können Überlegungen angestellt werden, wie die ausgewählten Einflussfaktoren und Impact-Koeffizienten mit den verschiedenen finanziellen Positionen in der GuV-Rechnung korrelieren. Zum Beispiel können (reduzierte) CO_2-Emissionen mit – wegen Umstellung von Verfahren erhöhten, aber mittel- bis langfristig durch moderne Technologie auch geringeren – Herstellungskosten verbunden sein, während (erhöhte) Mitarbeitergesundheit den Personalaufwand – positiv wegen weniger bezahlter, unproduktiver Fehltage, als auch negativ wegen möglicher kostenverursachender Programme für Mitarbeiter – beeinflussen kann.

Zusammenfassung zur Schwierigkeit der Wirkungsmessung

Es liegt auf der Hand, dass Auswirkungen bzw. der Impact sich innerhalb einer Organisation zeigen kann, außerhalb in der Gesellschaft und beides. Es gibt Impactfaktoren, die sich linearer in die Bilanz bzw. in die Kosten- und Ertragsstruktur denken und rechnerisch integrieren lassen und es gibt solche, die eine längere Kausalitäts- bzw. Korrelationskette haben, was dies erschwert. Es entstehen Kosten für positive Impact-Aktivitäten, deren Sozial- und Umwelterlöse bestimmt und auf der anderen Seite der Bilanz auftauchen sollten, es aber (noch) nicht tun. Und es entstehen bei Organisationsaktivitäten negative externe Effekte, d. h. Umwelt- und Sozialaufwendungen, die den entsprechenden Erträgen zugeordnet und so internalisiert werden sollten, was aber (ebenfalls noch) nicht der Fall ist. Und schließlich kommt noch der Faktor Zeit dazu: Während bestimmte Kosten direkt anfallen, zeigen sich gewisse Wirkungen erst viel später.

Wir denken weiter über die Schritte zu einem Impact-gewichteten Gewinn nach.

4. Datenerhebung und Quantifizierung:

- Sind die relevanten Einflussfaktoren gemäß der Organisationsziele bestimmt, müssen entsprechende Daten gesammelt werden, die für die Berechnung dieser Einflussfaktoren passend sind. Sowohl interne als auch externe Datenquellen können hierfür genutzt werden sowie quantitative als auch qualitative statistische Methoden zur Datenerhebung.
- Umwelt- und Sozialauswirkungen könnten so quantifiziert werden, dass sie mit den finanziellen Positionen in der GuV-Rechnung verbunden werden können.
- Beispiel: Es entstehen 50 t CO_2-Emissionen pro Jahr, bei Herstellungskosten in Höhe von 50.000 €. Die Mitarbeitergesundheit liegt bei 75 von 100 Punkten, je Personalaufwand (z. B. 500 €) pro Mitarbeiter für verschiedene Mitarbeiterprogramme und unter Berücksichtigung der Fehltage, die mit einem Faktor für die Arbeitsproduktivität versehen werden können, der wiederum an die Umsatzerlöse gekoppelt werden kann. – **Es wird weiterhin deutlich, dass eine mehr oder weniger aufwendige mathematische Formel aufgestellt werden kann, je nachdem welche Variablen man integriert.**

5. **Normalisierung der Daten:** Die gesammelten Daten könnten nun normalisiert und so in eine vergleichbare Form gebracht werden, indem man sie auf eine einheitliche Größe oder auf einen Referenzwert bezieht. Hierauf kann sich beispielsweise innerhalb einer Branche geeinigt werden. Das ermöglicht eine bessere Vergleichbarkeit zwischen den verschiedenen Einflussfaktoren und zwischen verschiedenen Organisationen.

Beispiel:

- **Normalisierte CO_2-Emissionen:** 50 t/1000 t (Bezug auf Branchenstandard, z. B. bei traditionellen Verfahren) = 0,05 → Je *geringer* die Anzahl Tonnen an CO_2-Emissionen, desto kleiner der Wert, desto ökologisch nachhaltiger ist die Organisation zu bewerten.
- **Normalisierte Mitarbeitergesundheit:** 0,75 (Skala von 0 bis 1) → Je *höher* die Mitarbeitergesundheit, desto höher der Wert, desto sozialer ist die Organisation zu bewerten.

→ → Wenn wir die Werte von „Je kleiner, desto besser"-Faktoren umkehren, erhalten wir eine Wertebasis, die in die gleiche Richtung zeigt wie die Faktorengruppe „Je größer, desto besser". Das erlaubt es, verschiedene Faktoren sinnvoll zusammenzufassen. Dafür subtrahieren wir einfach jeden Wert der „Je kleiner, desto besser"-Faktoren von 1. In unserem Beispiel trifft das auf die Umweltauswirkungen zu, sodass sich ein umgekehrter Wert von CO_2-Emissionen (normalisiert) = 1 − 0,05 = 0,95 ergibt.

6. **Anwendung der Impact-Koeffizienten auf (normalisierte) Daten:** Multiplizieren wir nun die quantifizierten, normalisierten Umwelt- und Sozialauswirkungen bzw. -faktoren mit den entsprechenden Impact-Koeffizienten (IK) und bilden aus allen die Summe, erhalten wir den Grad (in Prozent), zu dem die Organisation ihre Sozial- und Umweltziele erreicht.

Beispiel:

→ Σ (IK*nEF)
Anteil Impact-gewichteter Gewinn EF1 = (0,5*0,95) = 0,475
Anteil Impact-gewichteter Gewinn EF2 = (0,5*0,75) = 0,375 →
    0,475 + 0,375 = **0,85**

7. **Interpretation und Analyse:** Damit erreicht die Organisation 85 % ihrer Sozial- und Umweltziele. Ein Vergleich zum konventionellen Nettogewinn lässt sich so noch nicht ziehen, da Finanzpositionen nicht beeinflusst werden. Ein Impact-gewichteter Gewinn beschreibt so hergeleitet, ähnlich wie beim SROI, noch keinen absoluten, in Geldwährung gemessenen Betrag, sondern eine Kennzahl. Nichtsdestotrotz lassen sich Bereiche mit hohem und niedrigem Impact identifizieren und bewerten, die Aufschluss über die Gesamtwirkung einer Organisation geben.

Die Bestimmung der relativen Bedeutung oder Gewichtung von Impact-Koeffizienten für Impact-Faktoren ist ein kritischer Schritt bei der Entwicklung von Impact-Messsystemen. Die genaue Methode bzw. Argumentation zur Bestimmung der Gewichtung kann variieren und hängt von den Zielen der Organisation, den Stakeholder-Erwartungen und den Branchenstandards ab. Stakeholder-Befragungen können auch hier dazu dienen, um ihre Perspektiven und Prioritäten zu verstehen. Diese können Kunden, Mitarbeiter, Investoren, Lieferanten und Gemeinschaften umfassen. Ebenso können Experten aus relevanten Bereichen daran beteiligt werden, um ihre Fachkenntnisse bei der Bewertung der Auswirkungen einzubeziehen. Experten können helfen, die Bedeutung verschiedener Faktoren zu quantifizieren und Gewichtungen festzulegen. Die Gewichtung kann sich an globalen oder branchenspezifischen Nachhaltigkeitszielen wie den SDGs orientieren. Faktoren, die einen direkten Beitrag zu diesen Zielen leisten, könnten höhere Gewichtungen erhalten. Ebenso könnten sie höhere Gewichtungen erhalten, wenn bestimmte Faktoren strategisch wichtig für die Organisation sind. Einer Materialitätsanalyse[2] könnte eine Kosten-Nutzen-Analyse folgen, um zu bewerten, welchen finanziellen oder strategischen Nutzen die Organisation aus der Verbesserung bestimmter Auswirkungen

---

[2] Eine Materialitätsanalyse ist ein Prozess, der von Organisationen durchgeführt wird, um die wesentlichen Umwelt-, Sozial- und Governance-Themen zu identifizieren, die sich auf ihr Geschäft und ihre Stakeholder auswirken oder von diesen beeinflusst werden. Ziel ist es, die Themen zu identifizieren, die für das Unternehmen und seine Stakeholder am relevantesten sind und die größten Auswirkungen auf die langfristige Wertschöpfung haben.

ziehen kann. Es lassen sich außerdem Gewichtungen von Faktoren verwenden, die bezogen auf eine gesamte Branche als besonders wichtig betrachtet werden. Im Rahmen von Multi-Stakeholder-Dialogen können Vertreter verschiedener Interessengruppen gemeinsam über die Gewichtung der Faktoren entscheiden. Das fördert die Transparenz und Einbeziehung der Stakeholder. Wie auch immer Impact-Koeffizienten bestimmt werden, es ist wichtig sicherzustellen, dass sie nachvollziehbar sind und am besten ins jeweilige Risikomanagement der Organisation integriert als auch periodisch aktualisiert werden.

3.3 Relaunch der Finanzbuchhaltung – weiterführende Gedanken

Unser aktuelles Wirtschafts- und Sozialsystem ist an entscheidenden Stellen kontraproduktiv. Huch, warum denn jetzt so negativ? Bei aller Ziel- und Lösungsorientiertheit führen wir uns doch einmal genauer die negativen Seiten vor Augen, gelangen dann aber wieder schnell zu dem, was wir dagegen tun können, versprochen. Wie bereits ganz zu Beginn beschrieben, verursachen kapitalistische Logiken soziale und ökologische Probleme, die Regierungen über die Besteuerung aller zu beheben versuchen, während sich Investoren und Unternehmen darauf konzentrieren, Geld für sich allein zu verdienen. Der soziale Sektor ist chronisch unterfinanziert, kämpft mit Bürokratie und Fachkräftemangel, abhängig davon, dass politische Entscheidungen sie am Leben halten und ihr Tun und Können wertschätzen. Das ergibt keinen Sinn. Und hier kommt schon die Kurve. Das Impact-Denken verwandelt den Privatsektor von einem Umweltverschmutzer und Förderer von Ungleichheit zu einer Kraft für das Gute. Es verhilft sozialen Organisationen zu mehr Professionalisierung und greifbarer Systemrelevanz. Es entstehen Produkte und Dienstleistungen, die die Lebensqualität und unsere Umwelt verbessern und Organisationen, denen zentral daran gelegen ist, neue Lösungen zu entwickeln.

Wie Organisationen Wert für das Gemeinwohl schaffen können, könnte die falsche Fragestellung sein, da sie impliziert, dass ihnen der gesellschaftliche Mehrwert nicht inhärent ist. Und tatsächlich,

Ökologie, Soziales und Ökonomie werden im Allgemeinen als sich bedingende, aber separate Säulen betrachtet (Batz 2021, S. 26 ff.) und stellen damit häufig Gegensätze dar, die gegeneinander ausgespielt werden. Alles, was dann nicht gerade Geschäftskern ist – etwa eine strukturelle Umstellung in Richtung Gemeinwohl und Nachhaltigkeit – wird erstmal nur als zusätzliche Belastung für die Organisation und als Kostenfaktor verstanden. Dieser Irrtum kann aus der Welt geschafft werden, und zwar durch die Internalisierung der externen Effekte in die betriebliche Bilanz. Die Frage sollte also lauten: **Welche (negativen wie positiven) externen Effekte verursacht eine Organisation entlang ihrer Wertschöpfungskette und wie bestimmen sie den Wert der Organisation (ausgewiesen in der Bilanz)?** Die Aufgabe, die dafür zunächst gelöst werden muss, ist das Anerkennen und Einberechnen externer Effekte des Wirtschaftens. Eine standardisierte Methode zur Definition, Messung und Bewertung von Impact, so wie es sie auch für den Gewinn gibt, ist hierfür unbedingt erforderlich. Es muss darum gehen, die von einer Organisation erzeugten Auswirkungen in die reguläre Rechnungslegung einfließen zu lassen, d. h. Wege zu finden, durch welche die von einer Organisation erzeugte Wirkung – ähnlich bzw. gleich dem Gewinn – direkt Einfluss nimmt auf ihren Wert. Dies würde eine soziale, ökonomische Innovation bedeuten. Eine neue, nachhaltige Finanzbuchhaltung beschreibt dann nicht etwa papierlose Buchhaltung o. Ä., sondern es geht um folgende Denkhaltung: Die Natur und menschlichen Fähigkeiten sind grundlegendes Vermögen jedes ökonomischen Handelns. Deshalb tun wir richtig daran, von Naturkapital und Sozialkapital zu sprechen. Das Naturkapital und das Sozialkapital gehören als bilanzierfähiges Produktivkapital anerkannt und seine Nutzung muss sich auf die Preise und die betrieblichen Kapitalvermögen auswirken. Erst dann wird es attraktiv, nachhaltig zu wirtschaften (Hiß 2015). Bis dahin bleibt der Wandel zu mehr Nachhaltigkeit wirtschaftlich unattraktiv und im Großen nicht realisiert. Sozialunternehmen bzw. Social Startups und das Investieren in dieselben (Impact Investing) werden uns allein nicht weiterbringen. Denn sie stoßen regelmäßig an systemische Grenzen, die nur durch strukturelle Änderungen aufgehoben werden können – und zwar in Bezug auf den Kapitalbegriff, die Kapitalrechnung, die Gewinn- und Verlustrechnung als auch die instrumentalen Voraussetzungen der betrieblichen Buchhaltung (Hiß 2015). Sie sind wie der Baum inmitten von Hochhäusern. Trotz positiver Absichten, wunderbaren Potenzials und aller Kraft, werden sie von strukturellen Barrieren und vorherrschenden Wirtschaftsmodellen, die wenig Raum für soziale Innovation lassen, überschattet und am Wachstum gehindert. Ihr Zugang zu Ressourcen wie Kapital, Unterstützung und Marktchancen werden begrenzt und man kann sie im Schatten der Hochhäuser (traditionelle Wirtschaftsunternehmen und groß gewachsene Wohlfahrsverbände) nur schwer sehen und finden. Jede Anstrengung – durch Social Startups, soziale Initiativen, Programme etc. – gegen das falsche Wirtschaften wird ins Leere laufen und bleibt appellatives Predigen – bis die ökonomische Rechnung stimmt und die Organisation, die schützt und aufbaut, im Wettbewerb auch bessere Chancen hat.

Also noch einmal: Weil die ganze Wirtschaft auf der Nutzung von Natur- und Sozialkapital aufbaut, ergibt es Sinn, sie als eigenständigen Wert zu berücksichtigen. Leistungen zum Schutz der Umwelt und des sozialen Gefüges sind als Nutzen, nicht (nur) als Kosten zu bewerten und sollten auch auf der Ertragsseite statt nur auf Kostenseite der GuV stehen. Der praktische Aufbau von sozialer und ökologischer Nachhaltigkeit in Organisationen hat dann weniger mit Ethik zu tun als mit Ökonomie bzw. der Kapitalwirtschaft. Wirklich kapitalistisch wird dann gewirtschaftet, wenn das Vermögen, das man zur Verfügung hat, nicht verbraucht, sondern erhalten und vermehrt wird. Das heutige Wirtschaften tut überwiegend das Gegenteil, sodass die Gesamtbilanz denkbar negativ ist. Wenn eine Organisation ausbeutet, hat sie nur den Aufwand für den Ausbeutungsvorgang selbst zu tragen. Die Ausbeutung kann immer noch effektiver, rationeller, sogar sozialer und ökologischer gestaltet werden, ändert aber am Tatbestand der Ausbeutung nichts. Man verschafft sich finanzielle Vorteile, wenn man natürliche und menschliche Ressourcen nutzt und abbaut, ohne die Gegenleistung des Aufbaus aufwenden zu müssen. Weder Rücklagen für die Wiederherstellung – häufig treten externe Effekte erst später zu Tage – noch Abwertungen für ihren Verbrauch sind in der Bilanz zu finden. Sie werden allesamt externalisiert und die Kosten werden der Allgemeinheit auferlegt und in die Zukunft verlagert. So ist es nur eine Frage der Zeit, bis die aus der falschen Rechnung zu Tage tretenden privaten und betrieblichen Finanzvermögen wieder aufgewendet werden müssen, um die real entstandenen Schäden an Gesellschaft, Mensch und Natur zu reparieren. **Die externen Effekte auf die Naturgrundlagen und die Menschen sind also als objektiver Bestandteil des betrieblichen Wirtschaftens und nicht als Paradigmen des subjektiven Idealistischen zu begreifen. Finanzielle Gewinne sind dann echte Gewinne, wenn gleichzeitig die sozialen und natürlichen Vermögen zunehmen und nicht abnehmen.** Dann ist auch Wirtschaftswachstum sinnvoll.

Wie bereits erwähnt, fällt der Nachhaltigkeitsbegriff auseinander in der Komplexität des Gemeinten. Er wird aufgespalten in Ökonomie, Ökologie und Soziales, was eine schlechte Erfindung und ein Denkfehler ist: Nachhaltigkeit ist eine ökonomische Einheit. Soziale und ökologische Leistungen von Organisationen sind ökonomische Leistungen und kosten Geld. Erfolgreiches Wirtschaften ist, wenn so gewirtschaftet wird, dass keine ökologischen und sozialen Risiken, Kosten und Folgekosten im je eigenen organisationalen Handlungsradius entstehen. So kalkuliert, übersteigen die ökonomischen Risiken und versteckten Vermögensverluste des auf Kurzfristigkeit bzw. kurzfristige Kapitalrendite ausgelegten Wirtschaftens schon lange die finanziellen Gewinne der Organisationen. **Momentan sind wir Geldmaximierer, mit der Denkhaltung, wir könnten uns Natur- und Umweltschutz sowie soziale Leistungen erst leisten, wenn das Wirtschaftliche stimmt. Von diesem fatalen Glaubenssatz müssen wir weg, hin zur Nutzenmaximierung. Dass wir dabei so viel wie möglich messbar machen müssen, liegt in der Überzeugungskraft von Zahlen, die uns dann von der Last des subjektiven Urteilens über komplexe Zusammenhänge befreit.** Erst wenn die sozialen und ökologischen, d. h. gesamtökonomischen Effekte des Wirtschaftens anhand von faktischen und objektiven Werten, in Zahlen in der GuV und in der Bilanz ersichtlich sind und dadurch die Preise auf den Märkten die ökonomische Wahrheit sagen, können sich Abbau und Raubbau umkehren und Aufbau von Ressourcen zum Grundsatz des Wirtschaftens werden. Ich denke, es ist klar, worum es geht. Doch wie?

Die Finanzbuchhaltung wird in jeder Organisation zur Abstraktion der ökonomischen Prozesse eingesetzt und hat ausschlaggebenden Einfluss auf das tägliche Handeln der Organisation. Das macht sie zum geeigneten Instrument, um die Nachhaltigkeitsrechnung anzusetzen. Buchhaltungs- und Bilanzierungsregeln sind mit ihren Vorgaben zur Risikobewertung universell gültig und alle Organisationen richten sich danach. So bestehen derzeit aber auch noch Risiken auf breiter Basis mit gesellschaftlich relevantem Ausmaß aufgrund der versteckten Risiken, die entstehen und vorhanden sind, weil sie von Organisationen noch nicht genau aufgeführt werden (z. B. Risikofaktor Verfügbarkeit von Energie, Verfügbarkeit von fachlicher Qualifikation und Arbeitskraft, Zugang zum Markt, Zugang zu Technik etc.). Buchhaltungs- und Bilanzierungsmethoden sollten aufzeigen können, welche Vermögensentwicklung beim Natur- und Sozialkapital stattfindet. Schließlich wird es permanent genutzt. Es sollte in der betriebswirtschaftlichen Rechnung von Organisationen als eigenständiger Wert auftauchen – etwa in der Form, dass Aufwendungen für den Aufbau sowie Schutz von Menschen und Umwelt auf Ertragsseite im Sinne von Zuschreibungen im Kapitalvermögen erscheinen. Denn Leistungen für das Sozial- und Naturvermögen sind vermögensbildend. Die Verfügbarkeit von Produktionsmitteln ist als betriebswirtschaftliches Risiko oder Vermögen zu bewerten und die Schaffung von betriebseigenen Produktionsmitteln als bilanzierfähige Wirtschaftsgüter in die Bilanz aufzunehmen, wie z. B. Bodenfruchtbarkeit, Energieherkunft, Versorgungssicherheit, Fertigkeiten und Fähigkeiten. Ihre Verfügbarkeit muss in die Bilanz aufgenommen werden als vorhandener Wert oder, falls nicht vorhanden, als betriebliches Risiko. Das Rechenschema betrieblichen Wirtschaftens muss zukünftig darauf abzielen, die sozialen und ökologischen Vermögenswerte zu erhalten und aufzubauen und gleichzeitig Verluste und Risiken abzubauen. Der Kapitalabfluss aus den Ressourcen muss gedreht und zu einem Kapitalzufluss werden, sei es eine einzelne Organisation oder eine ganze Branche bzw. Region. Hierzu braucht es eine neue Buchhaltungs- und Bilanzierungsmethodik, die dem Wesen der Natur und des Humanen entspricht. Bilanzierungsregeln verlangen, dass die Risiken, denen eine Organisation ausgesetzt ist, in die Bilanz als Rückstellungen, Rücklagen oder Wertberichtigungen aufgenommen werden. Das ist erforderlich, wenn man als Eigentümer oder Gläubiger ein realistisches Bild des Organisationsgeschehens und seiner langfristigen Perspektive der Nachhaltigkeit und Kapitalsicherheit erhalten will. Zur Bewertung von Unternehmensrisiken gibt es klare gesetzliche Regeln. Allgemeine Prinzipien und Standards, die bei der Bewertung und Bilanzierung von Unternehmensrisiken berücksichtigt werden, sind zum Beispiel die IFRS 7 (International Financial Reporting Standards). Sie legen die Offenlegungsvorschriften für Finanzinstrumente fest. Organisationen müssen in ihren Finanzberichten Details zu Kreditrisiken, Marktrisiken und Liquiditätsrisiken offenlegen. Dies umfasst sowohl quantitative als auch qualitative Informationen, die den Geldgebern helfen sollen, die Risikoposition der Organisationen besser zu verstehen. Die IAS (International Accounting Standards) 37, als weiteres Beispiel, regeln die Bilanzierung von Rückstellungen und behandeln auch die Bewertung von Eventualverbindlichkeiten und Eventualforderungen. Organisationen müssen Rückstellungen für Verpflichtungen bilden, die aus vergangenen Ereignissen resultieren, bei denen eine zukünftige wirtschaftliche Belastung wahrscheinlich ist und für die keine anderen Standards gelten. Eventualverbindlichkeiten müssen im Anhang ausführlich erläutert werden. Darüber hinaus gibt es die US-GAAP (Generally Accepted Accounting Principles). Gemäß dieser gibt es verschiedene Standards, die sich mit der Bilanzierung von Risiken befassen. Zum Beispiel behandelt FASB Interpretation No. 14 (FIN 14) die Buchführung für Risiken im Zusammenhang mit kontingenten Verbindlichkeiten. Es legt Kriterien fest, unter denen eine Verbindlichkeit bilanziert werden sollte, wenn sie sowohl wahrscheinlich als auch schätzbar ist. Falls diese Kriterien nicht erfüllt sind, muss die Verbindlichkeit im Anhang erläutert werden. IFRS 9 regelt die Klassifizierung, Bewertung und bilanzielle Behandlung von Finanzinstrumenten. Es legt fest, wie Organisationen Kreditrisiken bewerten und Rückstellungen für erwartete Kreditausfälle bilden sollen. Dieser Standard zielt darauf ab, eine aussagekräftigere Darstellung der finanziellen Vermögenswerte und Verbindlichkeiten eines Unternehmens zu ermöglichen. Das HGB legt schließlich in Deutschland die allgemeinen Grundsätze für die Bilanzierung fest. Gemäß HGB müssen Unternehmen eine Bilanz aufstellen, die ein getreues Bild der Vermögens-, Finanz- und Ertragslage vermittelt. Dabei sollen Risiken angemessen berücksichtigt und im Anhang erläutert werden. Jede Organisation in Deutschland unterliegt nach § 238 HGB der

Buchhaltungspflicht und nach § 242 HGB einer jährlichen Erstellung eines normierten Berichts über die tatsächlichen Vermögens-, Finanz- und Ertragsverhältnisse. Die hier zugrunde liegenden Regeln sind als Grundsätze ordnungsgemäßer Buchhaltung (GoB) bekannt. D. h. alle relevanten wirtschaftlichen Vorgänge und Fakten müssen erfasst und dokumentiert werden, um zum Ende eines Geschäftsjahres eine Zusammenfassung über die erfolgten Ausgaben und Einnahmen, Aufwendungen und Erträge erstellen zu können. Die auf dieser Basis erstellte abschließende Bilanz gibt eine Übersicht zur aktiven und passiven Vermögenswertentwicklung im Laufe des vergangenen Geschäftsjahres. Diese buchhalterische Erfassung dient der Beurteilung des Organisationserfolgs eines Geschäftsjahres im Innenverhältnis und der Publizität gegenüber Externen. Nach § 239 und § 246 HGB gelten die Grundsätze der Vollständigkeit. Demnach müssen in der Buchhaltung und im Jahresabschluss auch solche Veränderungen erfasst werden, die nicht als Geschäftsvorfall erkennbar sind, z. B. Schwund oder Verderb. Auch Risiken, die bis zum Bilanzstichtag noch keinen Niederschlag in der Buchführung gefunden haben, sind zu berücksichtigen. Solche Veränderungen können durch Wertberichtigungen oder Abschreibungen erfasst werden:

- **Z. B. Wertberichtigung auf Vorräte (Schwund):** Wenn es einen Schwund von Waren und Ressourcen gibt, die nicht auf einen direkten Geschäftsvorfall zurückzuführen ist (aktuell z. B. bei Diebstahl oder Verluste im Lager), kann eine Wertberichtigung auf Vorräte und Ressourcen vorgenommen werden. Diese Wertberichtigung reduziert den Buchwert der betroffenen Bestände.
  → Der Buchungssatz könnte lauten – Aufwandskonto (z. B. Schwund) an Bestandskonto (z. B. Vorräte)
- **Z. B. Wertminderung oder Abschreibung (Verderb):** Wenn Waren und Ressourcen aufgrund von Verderblichkeit oder Haltbarkeitsproblemen an Wert verlieren, kann eine Wertminderung oder Abschreibung erfasst werden. Dies spiegelt den Wertverlust in der Buchführung wider.
  → Der Buchungssatz könnte lauten – Aufwandskonto (z. B. Verderb) an Bestandskonto (z. B. Vorräte)

- **Z. B. Rückstellungen für drohende Verluste:** Wenn bestimmte Risiken oder Unsicherheiten bestehen, die zu späteren Verlusten führen könnten, kann und sollte eine allgemeine Rückstellung für drohende Verluste gebildet werden. Das kann auch für potenzielle Schwund- oder Verderbsituationen relevant sein.
  → Der Buchungssatz könnte lauten – Aufwandskonto (z. B. Rückstellung für drohende Verluste) an Rückstellungskonto

Zusammengenommen sind so Rahmenbedingungen für die Offenlegung von Risiken beschrieben, die den Eigentümern und Gläubigern ein realistisches Bild der Unternehmenslage vermitteln sollen. Ihre genaue Anwendung hängt von der Art der Risiken, der Branche und anderen spezifischen Umständen der Organisation ab.

Soziale und ökologische Gesichtspunkte spielen eine zunehmend größere Rolle. Man beginnt zu realisieren oder eigentlich vielmehr weniger zu ignorieren, dass nachhaltiges Wirtschaften nicht nur ein langfristiges ökologisches und soziales Risiko darstellt, sondern gleichzeitig und faktisch auch ein potenziell finanzielles Risiko auf betrieblicher Ebene ist. Betreffen die Risiken viele Organisationen der gleichen Art oder ganze Branchen, spricht man von Klumpenrisiko. Die Steigerung davon ist die Systemrelevanz, bei der die Risiken so groß sind, dass ein ganzes System zusammenbrechen könnte, wenn sich die Risiken oder auch nur einzelne realisieren sollten. Und da macht sich bereits Einiges bemerkbar. Für jede Organisation gibt es spezifische Parameter, die ihre Funktionsweise ausmachen. Die Endlichkeit von Ressourcen – sofern endliche Ressourcen eingesetzt werden – muss im Sinne der Funktionsweise in der Bilanz als langfristiges Kapitalrisiko berücksichtigt werden. Hat eine Organisation natürliche Ressourcen verbraucht, ohne Ersatz zu schaffen, hat sie nach heutiger Rechnung die Voraussetzung für ein erfolgreiches Wirtschaften dennoch erfüllt, anstatt sie als verloren zu verstehen und sich selbst als wertlos(er). **Es sind immer noch die Organisationen benachteiligt, die soziale und ökologische Risiken vermeiden und deshalb höhere Kosten und höheren Aufwand haben. Wer beispielsweise Risiko mindert durch das Vermeiden von Transport, weniger Ressourcen verbraucht und deshalb weniger Erträge erzielt oder Kosten für den Ersatz des Verbrauchs aufwendet,** ist aktuell noch ganz schön blöd. **Alle Organisationen, die Risiken erzeugen, ohne dafür einen Ausgleich leisten zu müssen, sind in der kurzfristigen Erfolgsrechnung und in der Kapitalrechnung immer noch bessergestellt.**

Seitdem klar geworden ist, dass sich die nachhaltige Unternehmensführung als Paradigma[3] herausbildet, macht sich die Ausweitung der Berichterstattung auf die Nachhaltigkeitsberichterstattung breit. Das stellt allerdings – zunächst nur für bestimmte, insbesondere große Organisationen, genauer kapitalmarktorientierte Unternehmen der Wirtschaft[4] – eine anstrengende Zusatzbelastung dar, ohne wirklichen Mehrwert für die Erfüllung des Organisationszwecks. Sie erfassen ihre Nachhaltigkeitsleistungen anhand von Indikatoren zusätzlich und stellen sie in einem separaten Nachhaltigkeitsbericht dar. Was fehlt, ist aber die notwendige Verknüpfung mit der betriebswirtschaftlichen Rechnung und ihren Unterinstrumenten, dem Kontenplan und der Buchungsmethodik. Letztere schaffen erst die technische Voraussetzung für die Internalisierung externer Effekte für eine wirklich nachhaltige Organisationsführung. **Die beiden Instrumente – die Finanzbilanz und die Nachhaltigkeitsbilanz – stehen sich noch gegenüber und erscheinen so als Gegensatz, ähnlich dem Drei-Säulen-Modell der Nachhaltigkeit – obwohl sie eigentlich keinen Gegensatz bilden, sondern sich nur noch auf unterschiedlichen Zeit- und Bewertungsebenen bewegen.** So wird der Zusammenhang zwischen beiden Bilanzen nie verstanden – weil er ja auch nicht hergestellt wird.

Die Finanzbuchhaltung möchte also geändert werden. Die in der Buchhaltung abgelegten Informationen decken auf, wie eine Organisation in engem Wirkungszusammenhang mit der Unternehmenssteuerung steht. Das entscheidende Erfassungsinstrument ist dabei der Kontenplan. Über ihn werden die Informationen codiert. Mit Beleg versehene Ausgaben und Einnahmen fließen über die Buchhaltung in

---

[3] Eine grundsätzliche Denkweise; aus dem Griechischen übersetzt, bedeutet es Vorbild, Erklärungsbild oder auch Weltsicht.

[4] Unternehmen mit einer Bilanzsumme von mindestens 25 Mio. €, Nettoumsatzerlösen von mindestens 50 Mio. € und mit mindestens 250 Beschäftigten.

den Informationsgehalt der Organisation und stehen dann der Organisationssteuerung zur Verfügung. Auf dieser Basis werden Entscheidungen getroffen und das Erscheinungsbild der Organisation gebildet. Es besteht ein ständiger Fluss zwischen der Abstraktionsebene der Finanzbuchhaltung und des Erscheinungsbildes der Organisation. Ist das Instrument der Buchhaltung, d. h. der Kontenplan, unvollständig und die komplexe und umfassende Erfassung aller wichtigen Informationen in der Buchhaltung nicht gegeben, stimmen die Daten des äußeren Erscheinungsbildes der Organisation auch nicht überein mit der Realität. Es stellt sich die Frage, wie die Organisation dann mehr oder weniger sensibel mit den Realitäten ihres sozialen und ökologischen Um- und Innenraums umgeht, die nicht über einen belegbaren Buchungsvorgang laufen. Organisationssteuerungen stützen sich gemäß den Ausführungen oben nämlich derzeit noch auf unvollständige Daten bei der Analyse und Interpretation der Organisation und seiner Wirkung. Sehr viel Wirkung bleibt unberücksichtigt. Blind für die gesamtökonomischen (d. h. ökologische und gesellschaftliche) Bedingungen muss angenommen werden, dass Organisationen mittel- bis langfristig nicht überleben, weil sie zu vielen Risiken ausgesetzt sind und auf dem Weg dahin ziehen sie Vieles in Mitleidenschaft.

Gesellschaftliche und ökologische Faktoren, von denen besonders erstere i. d. R. immateriellen, qualitativen Charakter haben, müssen also einer bilanzierfähigen, geldwerten Bewertung innerhalb eines festgelegten Zeitraums (etwa ein Geschäftsjahr) unterzogen werden, damit sie in Entscheidungssituationen dasselbe Gewicht wie materiell bzw. finanziell direkt abbildbare Faktoren erhalten. Organisationen jedweder Art werden sich mit ihrer betrieblichen Rechnungslegung und Bilanzierung in den Kontext ihrer wirtschaftlichen Bezüge innerhalb ihres geografischen, sozialen, natürlichen und zeitlichen Gestaltungsraums stellen müssen, sonst ist die Bilanz aussagelos. Isolierte, nur auf den inneren Betrieb ausgelegte Erfolgsrechnungen von Organisationen treffen so lange keine belastbaren Aussagen, wie ihre positiven und negativen Wirkungen auf ihr soziales und ökologisches Umfeld im Dunkeln bleiben. Außerbilanzielle Informationen, wie z. B. ein Nachhaltigkeitsbericht, haben kaum einen Wert, weil sie in ihrer Wirkung auf die Unternehmenssteuerung zu schwach sind. Wenn eine Organisation junge

Menschen ausbildet oder pädagogische Projekte durchführt, damit zeitlichen wie finanziellen Aufwand hat, ist dies als tatsächliche Investition in ihrer Bilanz auf der Ertragsseite unter Vermögenswert „geschaffene Werte in fachlicher Qualifikation" positiv abzubilden, weil sie in die Zukunft der Region investiert hat. Stellt eine Organisation überwiegend Saisonarbeitskräfte ein, ohne fachliche Qualifikation, die in kurzer Zeit auch nicht aufgebaut werden kann, entsteht ein Verlust an lokalem ‚Fähigkeitenkapital'. Wer haftet für das dadurch entstehende Risiko? Die Organisation selbst könnte dafür in ihrer Erfolgsrechnung dem regionalen Verlust entsprechend belastet werden. Man stelle sich vor, welche Bedeutung und welche Kraft solche und andere soziale Aktivitäten erlangen würden und ebenso die Menschen, die sie vollziehen. ‚Social' käme aus der süßen Schmuddelecke heraus und würde ernstgenommen werden. Die neue Art der Buchhaltung und Bilanzierung wird sich auf Organisationen so auswirken, dass sie durch ihre (Kern) aktivitäten wertbildend auf ihr Umfeld wirken und gleichzeitig erfolgreich sind. Ein das Umfeld ausbeutendes Wirtschaften wird so finanziell unattraktiv.

3.3.1 Umsetzung einer neuen Buchhaltung und Bilanzierung

Für eine erweiterte Buchhaltung und Bilanzierung müssen Bewertungen für eine Reihe von Vorgängen und Leistungen gefunden werden, die bisher noch nicht bestimmt und kalkuliert wurden – eine Wertfeststellung für Faktoren, die nicht auf den Märkten gehandelt werden. Finanzbilanz und Nachhaltigkeitsbilanz stehen sich noch als Gegensätze gegenüber und bewegen sich auf unterschiedlichen Zeit- und Bewertungsebenen. Das Faktum der Zeitdimension stellt dabei eine große Herausforderung für die Bewertung von Leistungen und Verlusten dar. Üblicherweise werden die Finanzbuchhaltung und die daraus abgeleiteten Geschäftsabschlüsse auf ein Geschäftsjahr veranschlagt, nämlich innerhalb dessen, in dem die Leistung fällig und ein Zahlungs- und Bewertungsvorgang getätigt wird. Doch auch wenn längerfristige Einflüsse auftreten, müssen sie anteilsmäßig angerechnet werden können. Für alles, was derzeit als Abschreibungen[5] verbucht wird, funktioniert das ja auch. Werden ökologische Schäden bekannt, d. h. sind Wertminderungen zu erwarten, müssen sie bewertet und dementsprechend zum Beispiel bei irreparablen Schäden auch als Abschreibungen, bei reparablen Schäden als Rücklagen in einem Geschäftsabschluss vorgenommen werden. Andersherum erzeugt die Erbringung von Nachhaltigkeitsleistungen Kosten, für die keine kurzfristigen finanziellen Erträge gegengerechnet werden können, die Nichterbringung erzielt aber kurzfristig höhere Erträge. D. h. den Erträgen stehen keine Kosten für die nicht nachhaltige Bewirtschaftung und den Aufbau der Produktivität gegenüber. Wir kommen nicht darum herum, für einige bisher unterbelichtete Leistungen Werte festzulegen und sie tatsächlich monetär anzusetzen. Für jede einzelne Organisation ginge das relativ einfach. Ein allgemeingültiger Konsens zwischen den Beteiligten stellt die Herausforderung dar – ist aber machbar, wenn man nur will. Wie bereits an anderer Stelle weiter oben angesprochen, könnte eine Umsetzung in regionalen Clustern mit konkreten Beteiligten gut gelingen. Über das Regionale hinaus läuft man Gefahr, zu unterschiedlichen Realitäten zu begegnen – zum Beispiel kann dieselbe Bewirtschaftung an verschiedenen Orten unterschiedliche Kosten verursachen. Zur praktischen Handhabung der Wertschöpfung können konkrete regionale Bezugsräume eingerichtet werden, in denen die Werte ausgehandelt werden.

Die bisher ungelöste Frage ist, wie die umfassenden ökonomischen Vorgänge in die Finanzbuchhaltung und in der Folge in die Bilanz eingehen können. Vier notwendige Bedingungen und Schritte für die erfolgreiche Internalisierung externer Effekte müssen gegeben sein: (1) die prinzipielle Anerkennung sozialer und ökologischer Leistungsparameter als betriebswirtschaftliche Faktoren, (2) die Möglichkeit zur Erweiterung des Erfassungsinstrumentariums der Buchhaltung für soziale und ökologische Erträge und Kosten, (3) das Vornehmen monetärer Wertsetzung für bestimmte Leistungen und schließlich (4) die

---

[5] Auch Absetzung für Abnutzung – eine betriebswirtschaftliche Verteilung des Wertverlustes einer Anschaffungen auf mehrere Jahre. Dabei wird die Wertminderung der Anschaffung in der Berechnung des Unternehmensgewinns berücksichtigt.

Berücksichtigung der sozial-ökologischen Inwertsetzungen in der Bilanz. Sind diese Bedingungen erfüllt, eröffnen sich verschiedene praktische Möglichkeiten, die Übertragung der Werte in die betriebliche Rechnung vorzunehmen (siehe auch Hiß 2015):

Ausgleichszahlungen des Staates Die bereits aktuell weit verbreitete Art der Abgeltung externer und damit oft öffentlicher Leistungen sind die Ausgleichszahlungen des Staates bzw. der EU direkt an die Organisationen. Sie werden zum Beispiel für definierte ökologische Leistungen jährlich in Geld entlohnt und aus Steuermitteln aufgebracht. Die Organisationen können sie als Einnahmen verbuchen. Die Bewertungen und Zahlungen sind dabei aber sehr pauschal veranlagt, gelten also für jede Organisation in Europa gleichermaßen (hier sprechen wir z. B. von landwirtschaftlichen Betrieben). Einzelleistungen können bislang kaum berücksichtigt werden, weil Erfassungs- und Prozesssysteme im Allgemeinen noch sehr starr und nicht ausgebaut sind und weil für die Überprüfung der Leistungserbringung ein hohes Maß an Kontrolle erforderlich wäre.[6] Diese Praxis bedeutet also, dass (viele) Steuergelder für die Leistungsabgeltung aufgebracht werden müssen. Als gerecht könnte diese Variante erachtet werden, weil die Allgemeinheit für die Leistungen aufkommt, von denen alle profitieren. Sie ist aber zu abhängig von der Politik und der öffentlichen Verwaltung und wird dadurch zu abstrakt, zu unkreativ und zu schwerfällig. Hohe Summen verschlingt die Verwaltung und weniger Geld fließt in echte soziale und ökologische Leistungen. Nicht zuletzt sind so die Organisationen selbst wieder aus der Verantwortung raus.

Risikohaftung Eine weitere Möglichkeit, die Übertragung der Werte in die betriebliche Rechnung vorzunehmen, liegt in der Einführung von Haftungsregelungen für die Schädigung der Umwelt und des sozialen Gefüges, den Verbrauch von natürlichen Ressourcen und die damit verbundenen Risiken. So würde jede Organisation für ihr ökonomisches

---

[6] Mithilfe digitaler Systeme dürfte die Nachvollziehbarkeit einfach und praktikabel sein.

Handeln haftbar gemacht. Dem kurzfristigen betrieblichen und privaten Gewinn muss der Gegenwert des Schadens an den Gemeingütern
und ihrer Reparatur gegenüberstehen. Jede Organisation, die Schäden
an der natürlichen Grundlage und der Gesellschaft verursacht, muss
dafür bezahlen oder Rücklagen bilden, sodass zukünftige Generationen
sie noch zur Verfügung haben und darauf zurückgreifen können. Durch
dieses Vorgehen würden entweder weniger Schäden entstehen, weil es
sich finanziell nicht mehr lohnt (ressourcenraubend zu produzieren)
oder es würden Geldrücklagen entstehen, auf die zurückgegriffen werden kann, um die Schäden zu reparieren. Die Risikohaftung für nicht
nachhaltiges Wirtschaften würde zu der praktischen Konsequenz führen, dass die Organisation, die nachweislich Leistungen für die soziale
und ökologische Zukunftsfähigkeit erbringt, im Verhältnis zur Organisation, die nicht nachhaltig wirtschaftet, höhere finanzielle und wieder-
verwendbare Gewinne erzielt, da sie keine Rücklagen oder Rückstellungen bilden muss.

Zuschreibungen und Abschreibungen Kann eine Organisation nach-
weisen, dass sie Aufwand für soziale und ökologische Leistungen betrieben hat, könnte sie ihn in Form von Zuschreibungen bilanzieren. Ent-
gegengesetzt muss eine Organisation nicht nachhaltiges Wirtschaften als
Wertverlust, also als Abschreibung, anführen. Denkbar wäre, dass die
Nutzung von Naturkapital, wie z. B. Bodenfruchtbarkeit, kategorisch
jedes Jahr einen Wertverlust von 5 % durch Abschreibung vorschreibt.
Genauso kann bei Ausbildung, regionaler Infrastruktur und Energieverbrauch verfahren werden. In der Konsequenz würden die Organisationen, die keine Aufbaumaßnahmen ergreifen, jährlich weniger wert
werden.

Ausgleichsfonds (auf regionaler Ebene) Regional organisierte Ausgleichsfonds, in die Schaden verursachende Organisationen einzahlen
und aus denen Organisationen, die nachweislich Leistungen zur Nachhaltigkeit erbringen, Geld erhalten. Ein ähnliches Verfahren wird bei
Flächenverbrauch für öffentliche und private Baumaßnahmen bereits
praktiziert. Baut ein öffentlicher Träger Straßen oder Bau- und Gewer-
begebiete auf bisher unbebautem Gebiet, so muss er Gegenleistungen

an den Naturschutz leisten. Voraussetzung ist auch hier ein Leistungsnachweis aus der Buchhaltung der Organisation.

Alle diese aufgeführten Methoden brauchen eine operationelle und institutionelle Grundlage, um die Vorgänge, Leistungen, Gewinne, Verluste und Maßnahmen sichtbar und handhabbar zu machen. Dazu werden, wie bereits mehrfach aufgeführt, neue Indikatoren für die Bilanzierung gebraucht. Hiß (2015) wählt beispielhaft Indikatoren, die für die Wertentwicklung eines landwirtschaftlichen Betriebs ausschlaggebend sind, die sich teilweise mit denen für andere Branchen überschneiden, aber in der betriebswirtschaftlichen Rechnung noch gar nicht vorkommen oder wenn, dann nur auf der Kostenseite. Sie sind den Bereichen Naturgrundlage, Soziales und Regionalwirtschaft entnommen: *Soziale Indikatoren* sind die Beschäftigungsstruktur (Anzahl der Beschäftigten [insgesamt und Anteil Männer Frauen], Anteil von gelernten Fachkräften vs. ungelernten Arbeitskräften, von Saison-/Zeitarbeitskräften, von Auszubildenden, Praktikantinnen, Minijobbern, von sozial schwächeren Menschen usw.), die Qualität der Arbeitsplätze (Art und Zahl der Partizipations- und Mitbestimmungsmöglichkeiten der Beschäftigten, Maßnahmen zur Abfrage der Zufriedenheit, Zahl der Einsatzbereiche und Tätigkeiten für die Mitarbeitenden, Möglichkeiten, in größere Produktionszusammenhänge einblicken zu können) und schließlich die Entlohnung. *Ökologische Indikatoren* benennt Hiß mit der Bodenfruchtbarkeit (Humusentwicklung, Fruchtfolgewechsel usw.) und dem Ressourcenverbrauch (Strom- und Wasserverbrauch je Produktionsmenge oder Fläche, Anteil aus erneuerbaren Quellen usw.). Als *regionalwirtschaftliche Indikatoren* führt er die Wertschöpfung in der Region (Anteil des Beschaffungsvolumens von regionalen Zulieferern und Betrieben, Anteil des Absatzvolumens durch Direktvermarktung und Vermarktung an Großhändler bzw. an regionale Betriebe usw.). Nach der Definition und Akzeptanz der Indikatoren folgt ihre Übertragung in die Systematik der Finanzbuchhaltung. Jede Organisation bzw. jede Branche arbeitet mit einem spezifischen Kontenplan, der aus einem allgemeinen Kontenrahmen heraus abgeleitet wird. Die in den Finanzbuchhaltungssystemen anerkannten und klassisch verwendeten Kontenrahmen umfassen bis zu mehrere Tausend Kontiermöglichkeiten. Die Möglichkeiten zur Erweiterung sind also strukturell gegeben. Nun gilt es, den Kontenplan im Sinne einer Buchhaltung zu gestalten, die auf soziale und ökologische Indikatoren erweiterte Fragestellungen an die Organisation Antworten liefert. Entscheidend ist, dass der Kontenplan so aufgebaut wird, dass die Realität der Organisation abgebildet wird und die Daten sachgerecht in die Abstraktionsebene, also die Finanzbuchhaltung, aufgenommen werden können. Fehlen Konten zu wichtigen organisationalen Realprozessen, so werden diese auch nicht in den Informationspool der Buchhaltung aufgenommen und in der Folge bilanztechnisch nicht verarbeitet. Deshalb ist die Anpassung des Kontenplans, d. h. die Umbenennung von Konten und die Aufnahme neuer Konten, ein unabdingbarer erster Schritt zur Erweiterung der Buchhaltung im Hinblick auf Nachhaltigkeit.

3.3.2 Differenzierung bestehender Konten

Durch die *Differenzierung bestehender Konten* der Finanzbuchhaltung können sozial und ökologisch relevante Vorgänge, die bisher schon buchhalterisch erfasst werden, separat gebucht und dadurch sichtbar werden. Was zuvor in ein Buchungskonto floss, wird nun auf mehrere Konten aufgeteilt.

Beispiel: Beschäftigungsstruktur
Die Beschäftigungsstruktur kann maßgeblich Einfluss auf die Nachhaltigkeit einer Organisation haben. Aktuell werden, wie bereits erwähnt, sachlich zusammenhängende Konten, z. B. alle Konten, die mit Personalkosten zu tun haben, in einer Kontenklasse zusammengefasst. Im sogenannten Industriekontenrahmen (IKR) ist das zum Beispiel:

- Kontenklasse 6: Betriebliche Aufwendungen – Personalaufwand –
  – 62 Löhne –
    6200 Löhne einschließlich tariflicher, vertraglicher und arbeitsbedingter Zulagen

Eine Organisation, die Fachkräfte ausbildet und beschäftigt, arbeitet nachhaltiger als eine Organisation, die nur mit ungelernten Arbeitskräften arbeitet. Denn mit Letzteren lässt sich gesteigerte Effizienz und Produktivität, Qualität, Innovationskraft, Mitarbeiterbindung und Anpassungsfähigkeit auf Dauer schwerlich umsetzen. Der Preis für kurzfristig niedrigere Lohnkosten wäre demnach hoch. Die Personalkosten werden nach herkömmlicher Rechnungslegung über alle Qualifikationen summarisch gebucht, da derzeit nur die Personalkosten im Verhältnis zum Umsatz zu interessieren scheinen. Nach einer neuen Buchhaltung könnte das obige Beispiel für die Kontenklasse 6 in Bezug auf den Personalaufwand wie folgt aussehen:

- Kontenklasse 6: Betriebliche Aufwendungen – Personalaufwand –
  – 62 Löhne –
  6201 Löhne Organisationsleitung
  6202 Löhne Meister
  6203 Löhne Hilfskräfte
  6204 Löhne Auszubildende
  6205 Löhne Ungelernte
  6206 Löhne Saisonarbeitskräfte

Wird nun noch zusätzlich von verschiedenen, doch vergleichbaren Organisationen (durch vergleichbare Kennzahlen) aufgeschlüsselt, in welchen Anteilen sie an die unterschiedlichen Personalarten welchen Stundenlohn auszahlen, würden qualitative Unterschiede zwischen den Organisationen erkennbar. Aus der betriebswirtschaftlichen Auswertung (BWA) kann dies hervorgehen. Nehmen wir an, dass die Beschäftigung von Auszubildenden und qualifizierten Facharbeitskräften – anstelle von Ungelernten und Saisonarbeitskräften oder Leiharbeitern – die nachhaltigere Entwicklungsstrategie ist, kann es sich dennoch ergeben, dass eine Organisation, die weniger nachhaltig wirtschaftet, am Markt (bisher) die besseren Chancen hat, weil sie anders kalkuliert, dadurch die günstigeren Preise anbieten kann, das günstigere Angebot aber auf dem Abbau von Zukunftsressourcen basiert. Am Praxisbeispiel der *sitt.app GmbH* machen wir in Abschn. 4.1 die Rechnung konkret.

Beispiel: Transport
Der Transport über weite Strecken kann Vorteile haben und nützlich sein, etwa wenn zwischen Regionen Güter und Mengen ausgeglichen werden sollen. Die aktuelle betriebswirtschaftliche Rechnung folgt einer

darüberhinausgehenden und oft wenig vernünftigen Logik, die vorrechnet, dass es günstiger ist, große Mengen über sehr weite Strecken zu transportieren als kleine Mengen über kurze Strecken. Denn die Kosten lassen sich auf den Stückpreis umlegen und reduzieren sich bei großen Mengen pro Stück. Besonders zum Tragen kommt dies zum Beispiel in der Lebensmittelversorgung, wofür wir in Abschn. 4.2 am Praxisbeispiel der *24ft. GmbH* die Rechnung konkret machen.

Alle Konten, die mit Erträgen zu tun haben, werden im IKR in der Kontenklasse 5 zusammengefasst:

- Kontenklasse 5: Erträge –
  – 50 Umsatzerlöse für eigene Erzeugnisse und andere eigene Leistungen –
    5000 Umsatzerlöse für eigene Erzeugnisse

Nicht einkalkuliert werden dabei der dadurch entstehende Schaden an der kleinräumigen Versorgung, die Belastung des überregionalen Verkehrsaufkommens, Kosten für Straßenbau, Schäden durch den Klimawandel usw. Um dieser Entwicklung entgegenzuwirken, bedarf es einer Rechnungslogik, die die regionale Erzeugung, ihren lokalen Absatz und somit kurze Transportwege fördert, und zwar in Branchen, in denen eine solche Entwicklung besonders sinnhaft ist (z. B. Landwirtschaft, Lebensmittelproduktion, Gastronomie, Handwerk, Energiewirtschaft, Handel, Bauwirtschaft). Eine differenziertere, neue Buchhaltung nach Transportentfernung kann sichtbar machen, wie weit bzw. in welchem Umkreis eine Organisation ihre Erzeugnisse und Leistungen absetzt.

- Kontenklasse 5: Erträge –
  – 50 Umsatzerlöse für eigene Erzeugnisse und andere eigene Leistungen –
    5001 Erlöse für eigene Erzeugnisse aus Verkauf an Kunden < 50 km
    5002 Erlöse für eigene Erzeugnisse aus Verkauf an Kunden > 50 km
    5003 Erlöse für eigene Erzeugnisse aus Verkauf an Kunden > 100 km

5004 Erlöse für eigene Erzeugnisse aus Verkauf an Kunden > 1000 km

Ein nächster Schritt könnte auf Basis der so erhobenen Daten die Gleichstellung der lokalen gegenüber der überregionalen Vermarktung durch entsprechende Maßnahmen sein. Bei der Betrachtung zweier Organisationen bzw. ihrer Erlöse aus Verkauf nach Transportkilometern (in Prozent) tritt nämlich eine Vielzahl externer Kosten und auch Nutzen zu Tage. Die eine Organisation vermarktet und transportiert zum Beispiel nachweislich 90 % ihrer Produkte innerhalb von 50 km um ihren Produktionsstandort, die andere Organisation dagegen nur 15 % und den Rest über 1000 km. Auf Grundlage dieser in der Finanzbuchhaltung erfassten Zahlen kann eine Internalisierung der externen Kosten stattfinden – je weiter transportiert wird, desto höher die externen Kosten an der Umwelt. Ähnlich verhält es sich bei der Betrachtung von Zulieferern, die sich in der aktuellen Rechnungslegung im Materialaufwand (Aufwendungen für Rohstoffe, Hilfsstoffe usw.) widerspiegeln. Auch hier kann differenziert werden zwischen bspw.

* Kontenklasse 6: Betriebliche Aufwendungen – Materialaufwand –
  – 60 Aufwendungen für Roh-, Hilfs- und Betriebsstoffe und für bezogene Waren –
    6001 Aufwendungen für Rohstoffe von Zulieferern < 50 km
    6002 Aufwendungen für Rohstoffe von Zulieferern > 50 km
    6003 Aufwendungen für Rohstoffe von Zulieferern > 100 km
    6001 Aufwendungen für Rohstoffe von Zulieferern > 1000 km

Beispiel: Energieherkunft
Jede Organisation hat Kosten für die Energiebeschaffung. In manchen Branchen spielen sie eine besondere Rolle, etwa in der Chemieindustrie, Glas- und Keramikproduktion, Metallverarbeitung, im Gesundheitswesen und nicht zuletzt in der IT-Branche mit ihren Rechenzentren und Kühlungssystemen. Die aktuelle Buchhaltung macht keine qualitativen Unterschiede in der Herkunft der Energie. Hier stehen die reinen Kosten und Ausgaben im Vordergrund und es wird nicht

zwischen den verschiedenen Energiequellen und ihren Umweltauswirkungen differenziert – auch wenn die wachsende Sensibilität für Umweltfragen und Nachhaltigkeit dazu geführt hat, dass Organisationen
zunehmend versuchen, Umweltaspekte in ihre Buchhaltung zu integrieren. Einige Ansätze, wie qualitative Unterschiede in der Energieherkunft in modernen Buchhaltungspraktiken berücksichtigt werden,
sind die bereits erwähnten zusätzlichen Nachhaltigkeitsberichte, das
ebenfalls ergänzende Carbon Accounting, um Treibhausgasemissionen
zu quantifizieren, und Zertifikate für erneuerbare Energien (Renewa-
ble Energy Certificates, kurz REC), die Unternehmen, welche erneuerbare Energien verwenden, erwerben können. Nichts davon schlägt sich
jedoch direkt in der Bilanz bzw. im Organisationswert nieder und ist
damit auch nicht wirklich entscheidend für die (kurz- bis mittelfristige)
Organisationsentwicklung. Hier werden sie unabhängig davon, ob sie
aus erneuerbaren oder nicht erneuerbaren Quellen stammen, verein-
heitlicht wie folgt gebucht:

- Kontenklasse 6: Betriebliche Aufwendungen – Materialaufwand –
  – 60 Aufwendungen für Roh-, Hilfs- und Betriebsstoffe und für bezogene Waren –
  6050 Aufwendungen für Energie und Treibstoffe

In einer neuen, differenzierteren Buchhaltung könnte zwischen erneuerbaren und nicht erneuerbaren Energiequellen unterschieden und je
Organisation der jeweilige prozentuale Anteil je genutzter Quelle auf-
gedeckt werden. So zeigt sich ein Gefälle im unternehmerischen Bemühen, die Energiebeschaffung auf nachhaltige Herkunft auszurichten.
Auch hier können nun auf Basis der so erhobenen Daten Überlegungen
darüber folgen, wie sich entsprechende Bemühungen auch direkt auf
den Organisationswert ausüben – etwa durch finanzielle Ausgleichszahlungen gemäß den Vorschlägen weiter oben.
    Die obigen Beispiele zeigen, wie der Kontenrahmen als Instrument
benutzt werden kann, um das Organisationsgeschehen im Hinblick auf
nachhaltiges Wirtschaften zu analysieren. Welche Konten in den Kontenplan durch Differenzierung zusätzlich aufgenommen werden, hängt
im Moment von jeder einzelnen Organisation ab, da es noch keine

gesetzlichen Vorschriften zu spezifisch ökologischer und sozialer Leistungskontierung gibt.

3.3.3 Einführung neuer Wertkonten

Durch die *Einführung neuer Wertkonten* werden Konten geschaffen, für die es bisher noch keine Ertragskonten gibt, die aber ökonomisch relevant sind. Natürlich müssen hinter den Konten belegbare, erbrachte oder nicht erbrachte Leistungen stehen und sie werden wie übliche Investitionen behandelt, die einer Ab- oder Zuschreibung unterliegen. Arbeitet eine Organisation für die Erhaltung und Neuschaffung positiver gesellschaftlicher Wirkung, hat sie finanziellen Aufwand in Personal- und Sachaufwendungen, die bereits über die aktuelle Buchhaltung in die Bilanz einfließen. Für die Schaffung der positiven gesellschaftlichen Werte braucht es dann aber auch das entsprechende Ertragskonto. Eine Möglichkeit wäre, dass derselbe Wert, der über die Aufwandsseite in die Bilanz eingeht, als *Wirkungsfinanzwert* auch auf der Ertragsseite gebucht wird, und zwar unter einem neu geschaffenen Konto – etwa ‚selbst geschaffene Werte an Versorgungssicherheit‘, ‚selbst geschaffene Werte an Arbeitsqualität‘, ‚selbst geschaffene Werte an Biodiversität‘, ‚selbst geschaffene Werte an fachlicher Qualifikation‘. Damit ist noch nicht der langfristige Wert der Impact-Leistung geprüft und erfasst, aber der finanzielle Aufwand der Organisation wäre beglichen, womit ein Anreiz besteht, ein gutes Unternehmen zu sein. Wo betriebliche Leistungen an Natur- und Humankapital messbar erbracht werden, können dafür eingerichtete Ertragskonten durch den darin erfassten Wert Auswirkung auf das Kapitalvermögen der Organisation haben.

Sobald die oben aufgeführten Vorschläge, Ideen und Ansätze systematisch in Regeln übergehen und danach eine neue, erweiterte Buchhaltung erarbeitet ist, können Wirkungsfinanzwerte einfließen und die neue GuV daraus abgeleitet werden. Die neuen Wertkonten verändern die Geschäftsergebnisse entsprechend der erbrachten und nicht erbrachten sozialen und ökologischen Leistungen – es werden alle realökonomischen Aktivitäten und Vorgänge einer Organisation erfasst. Weil sich dann Leistungen zur langfristigen Erhaltung von Ressourcen finanziell lohnen, werden sich Organisationen, die ganze Wirtschaft und Gesellschaft bedeutend verändern. All das umzusetzen, erfordert entsprechende Entscheidungen von unserer Seite als Gesellschaft und schließlich auch durch die Gesetzgebung. Man stelle sich eine Impact-Organisation und Initiative vor, die heute starten möchte: Nur wenn Sozialunternehmen, Bürgermeister, Anwalt und Bänker mitziehen, wird auch der Notar sein Siegel daraufsetzen. Es werden viele Gedanken in die Bewertung sozial-ökologischer Leistungen fließen, Rechnungen und Schätzungen vorgenommen und akzeptiert werden, Indikatoren festgelegt, Leistungen und Risiken analysiert werden.

4

Sozialunternehmen rechnen und schreiben Geschichte

Wir beginnen dort, wo Sozialunternehmen gerade loslaufen, voller Tatendrang, ‚investment-ready' und mit dem größtmöglichen Potenzial, langfristig neue und bessere Strukturen für unsere Gesellschaft zu schaffen. Wir tun einmal so, als würden sich positiver Impact ebenso wie negative Externalitäten in der Organisationsrechnung widerspiegeln, sodass sich Gutes tun auch wirklich, und zwar auch wirtschaftlich lohnt und bemühen uns um eine entsprechende Ausarbeitung der Darstellung der in diesem Kapitel vorgestellten Sozialunternehmen. Wir beleuchten drei Social Startups (junge Sozialunternehmen) in verschiedenen Branchen, schauen auf die Hintergründe ihrer Vision, auf ihre Protagonisten, auf die Problemlage, die sie mit ihren Kernaktivitäten adressieren, auf ihre Produkte und Dienstleistungen zur Lösung, auf ihre Zielgruppe und Wirkungsempfänger, auf ihre größten Herausforderungen und auf die Art ihrer Finanzierung. Mithilfe der jeweiligen Chain of Impact schlagen wir schließlich die Brücke zur Bewertung, Messung und Integration der Organisationswirkung in die Organisationsrechnung. Alle vorgestellten Startups habe ich mitgegründet und berichte daher aus erster Hand.

© Der/die Autor(en), exklusiv lizenziert an Springer-Verlag GmbH, DE, ein Teil von
Springer Nature 2024
L. Leirich, *Sozialunternehmertum, Innovationen und Wirkungsmessung*,
https://doi.org/10.1007/978-3-662-69676-7_4

4.1   ampelfit (g)UG

Übersicht

Unternehmensname + Rechtsform:	ampelfit (g)UG
Gründungsjahr:	2023
Branche:	Bildung, Sport
Hauptsitz:	Mannheim
Mitarbeiteranzahl:	5–10

Mission:
Ampelfit schult Kinder und Erwachsene, die mit Kindern arbeiten, darin, Gefühle und Grenzen wahrzunehmen, einzuordnen, zu kommunizieren und zu wahren – für körperlich, kognitiv und emotional starke Kinder, gelebte Kinderrechte und weniger Gewalt.

Produkte & Dienstleistungen:
ampelfitFormate (Workshops, Schulungen) für Kinder, Eltern und Fachkräfte in Einrichtungen für (früh)kindliche Bildung und Prävention.

Alleinstellungsmerkmale:
Die Kombination aus bedürfnisorientierter Erziehung und Kampfsport.

Kunden:
Einrichtungen für (früh)kindliche Bildung – Kitas, Kinderhäuser, Grundschulen etc. sowie Unternehmen, die Patenschaften übernehmen.

Kontaktinformationen:
www.ampelfit.de | https://www.hallo@sitt.app

Es war einmal eine Mutter, Ende Zwanzig, hervorragend betriebswirtschaftlich ausgebildet, später spezialisiert auf Vertrieb und Marketing und schon immer ehrenamtlich tätig. Sie erkannte folgendes gesellschaftliches Problem: Unsere Gesellschaft verlangt von Kindern und Jugendlichen ab einem gewissen Alter, sich selbst zu verteidigen und zugleich andere zu respektieren. Ihre eigenen Gefühle und Grenzen zu erfühlen, einzuordnen und zu benennen, lernen sie aber im bestehenden System nicht. Vielen Menschen bleibt diese Fähigkeit auch als Erwachsene verschlossen. Nur wer sich selbst wahrnimmt und behaupten kann, ist fähig, die eigenen Grenzen sowie die Grenzen anderer zu wahren, sie bewusst zu überschreiten oder zu verteidigen. Zu oft werden die Bedürfnisse von Kindern, gerade im frühkindlichen Alter, nicht gesehen und gehört. Das führt dazu, dass diese Kinder schneller zu Tätern durch Mobbing und häufiger zu Opfern von (sexuellem) Missbrauch werden. Ihnen fehlt die nötige Sensibilität und Resilienz, um Übergriffe zu erkennen, zu äußern und abzuwehren. Zusätzlich verlangt unser Gesetz von haftbaren Individuen, sich selbst mit dem ‚mildesten Mittel' zu verteidigen, während zugleich nahezu niemand wirklich weiß, was das bedeutet und was die hierfür richtigen Methoden, Kompetenzen und Instrumente sind. Doch damit nicht genug, frühkindliche Bildung, Förderung und Präventionsarbeit wird zusätzlich belastet: Zunächst gibt es erhebliche Unterschiede in der Qualität entsprechender Bildungseinrichtungen (Kindertagesstätten, Kindergärten und Grundschulen etc.). Das betrifft sowohl die Ausstattung als auch die Qualifikation der Betreuungspersonen. Kinder aus sozial schwächeren Familien profitieren nach wie vor weniger von hochwertiger, frühkindlicher Förderung. Weiterhin fehlen flächendeckende Betreuungsmöglichkeiten. D. h. es gibt nicht genügend Betreuungsplätze für Kinder, insbesondere in bestimmten Regionen, was Fachkräfte und auch Eltern vor Schwierigkeiten stellt. Zudem herrscht ein Mangel an qualifiziertem Personal. Eine damit verbundene schlechtere Betreuungsqualität wird den individuellen Bedürfnissen der Kinder nicht gerecht. Schließlich mangelt es frühkindlichen Bildungseinrichtungen häufig an finanziellen Ressourcen, was sich negativ auf die Ausstattung, Fortbildungen für das Personal und die allgemeine Qualität der Betreuung auswirkt. In Deutschland gibt es spezifische Finanzierungsmechanismen für frühkindliche Bildung, die auf föderalen Strukturen basieren. Sie sind oft eine Kombination aus Elternbeiträgen, öffentlicher Finanzierung durch Bund, Land oder Kommune und selten auch Europäische Mittel.

Das alles nahm die Gründerin, Nathalie Jacobi, zum Anlass, ampelfit zu gründen. Sie entwickelte und testete drei Jahre lang erfolgreich ein neuartiges und einzigartiges Konzept, das bedürfnisorientierte Erziehung mit Kampfsport verbindet. Zunächst noch lange nebenberuflich, doch dann mit der Einsicht, dass das Thema zu wichtig sei, fasste sie den Entschluss, sich mit einhundert Prozent ihrer Zeit auf diese Aufgabe zu konzentrieren. Sie gewann mich als Mitgründerin und verlieh dem wichtigen Thema bald die nötige Relevanz, Stärke und Professionalität, um zu starten. Das Hauptprodukt waren und sind nach wie vor ampelfitTrainings, die Instrumente und Methoden zur Erfühlung, Einordnung, Benennung und Wahrung der eigenen Gefühle und Grenzen und auch der von anderen liefern, und zwar für Kinder, Eltern und Erwachsenen, die mit Kindern arbeiten. ampelfit stärkt Kinder und befähigt sie, sich selbst zu behaupten, mit und ohne Unterstützung. Pädagogische Fachkräfte und Eltern werden systematisch zusätzlich so geschult, dass sie es schaffen, gewaltfrei und grenzwahrend mit Kindern umzugehen. Entsprechende Bewegungsbausteine, Übungen und Wissen über die physischen Abläufe im und mit dem Körper machen das Konzept ganzheitlich.

Die größte Herausforderung für ampelfit besteht nicht in der Arbeit mit den Kindern, dem Erreichen der Zielgruppen oder der Vermittlung des ampelfit-Konzepts. Die größte Herausforderung und der Hauptkonflikt in der noch jungen Geschichte von ampelfit besteht in der Tatsache, dass sich das Sozialunternehmen in einem Feld professionalisiert und unternehmerisch aufstellt, das bislang relativ vernachlässigt und unqualifiziert, weil auch zum Großteil ehrenamtlich bespielt wird. Das Ehrenamt ist ein wichtiger Pfeiler unserer Gesellschaft, entscheidend für ihre Stabilität und Funktionsweise und trägt zur sozialen Struktur, zum Zusammenhalt und zur Funktionalität unserer Systeme bei. Dennoch kann nicht erwartet werden, dass irgendein Bereich stetig und mit hochqualitativen Produkten und Dienstleistungen bespielt wird, wenn Personen dafür nicht bezahlt werden, um ihren Fokus darauf richten zu können. ampelfit bewegt sich in einem Feld, dem die Gesellschaft leider noch nicht den nötigen Wert beimisst, obwohl die frühkindliche Phase die wichtigste im Menschenleben ist. Und damit hängt zusammen die Herausforderung der Finanzierung. Nicht die Kunden sind schwierig zu akquirieren und zu überzeugen – hier sind Problematik, Bedarf und Nutzen allgegenwärtig. Es sind die erwähnten Finanzierungsmechanismen, die zur Verfügung stehenden Gelder als auch die jeweiligen Entscheidungseinheiten in und um die Bildungseinrichtungen herum. Diese führen etwa dazu, dass die Dauer bis zur Auftragserteilung vergleichsweise lange ist und Möglichkeiten und Mittel der Finanzierung gemeinsam mit dem Kunden gesucht werden müssen. So hat eine Einrichtungsleitung beispielsweise noch nicht das letzte Wort in der Auftragserteilung, auch wenn sie in Absprache mit ihren Fachkräften den Bedarf besonders gut einschätzen kann. Sondern die Entscheidung erstreckt sich häufig auf ein bestimmtes übergeordnetes Gremium o. Ä. In Bezug auf die Zielgruppe der Eltern bzw. Privathaushalte lassen sich die zahlungsfähigen zwar schnell identifizieren und gewinnen, allerdings darf das ampelfit-Konzept – und das ist der Anspruch des Sozialunternehmens – nicht allein den wirtschaftlich starken Familien zugänglich sein. Also bemüht sich ampelfit zusätzlich um die Finanzierung entsprechender Patenschaften, zum Teil aus eigenen Gewinnen und zum Teil durch den Verkauf von Patenschaftsmitgliedschaften an Unternehmen und Privatpersonen. Es findet auf diesem Weg eine notwendige Umverteilung im Sinne der Bildungsgerechtigkeit statt.

ampelfit finanziert sich am Anfang zu etwa 15 % aus Eigenkapital der Gründerinnen, 20 % aus operativem Cashflow (Bootstrapping), 5 % durch kommunale Bezuschussung und – so der ursprüngliche Plan – zu 60 % über ein Wandeldarlehen (Laufzeit 2 Jahre) durch einen Impact Investor bzw. Business Angel. Ein Fremdkapitalbezug, bspw. durch einen Bankkredit, kam aufgrund von vom Gründerteam als ungünstig erachteter Konditionen nicht in Frage, wäre aber möglich gewesen. Das ist deshalb zu erwähnen, da Sozialunternehmen in den Augen von Fremdkapitalgebern, wie Banken, häufig kein angemessenes Geschäftsmodell aufweisen. ampelfit tut dies. Im Allgemeinen heißt es häufig, Profite werden businessplanmäßig nicht zeitnah und in erwarteter Höhe realisiert – und die gesellschaftliche Wirkung hat ja noch keinen Wert, mit dem Banken etwas anfangen können bzw. wollen.

Etwas anders ist es, wenn man sich dazu entscheidet, die Rechtsform einer gemeinnützigen Unternehmergesellschaft (gUG) oder GmbH anzunehmen. Dann steht die gesellschaftliche Wirkung nämlich – insbesondere auf dem Radar des Finanzamts – im Vordergrund und bedeutet für ein Sozialunternehmen Steuervorteile als auch den Zugang zu gewissen Geldtöpfen, die nur gemeinnützigen Organisationen offenstehen. Das wussten auch wir beiden Gründerinnen, als wir mit der gewählten Rechtsform der UG an Unternehmen, Stiftungen und

andere potenzielle Finanzierer und Paten herantraten. Wir waren ent-
schlossen, mit Können und Tun alle davon zu überzeugen, dass es richtig und möglich ist, Gutes zu tun und Geld zu verdienen bzw. Gewinne
zu erzielen, Vorbild für eine Organisation zu sein, die bewusst nicht
nur gemeinnützig, sondern auch gewinnorientiert arbeitet und dabei
keinen Mission-Drift[1] hinlegt. Doch leider funktioniert das so (noch)
nicht. Ausgehend wohl vom Homo Oeconomicus[2], der ausschließlich
nach wirtschaftlichen Gesichtspunkten denkt und handelt – zumindest
sobald er oder sie ein Unternehmen gründet – braucht es einen rechtlichen Rahmen, der Wirtschaft und Soziales wieder strikt voneinander
trennt. Das kennt und versteht man und so auch oben erwähnte Unternehmen, Stiftungen und andere potenzielle Finanzierer und Paten.
Diese hatten nämlich Nachfragen, Zweifel und Vorbehalte – kurzum,
wollten mit der Kohle nicht herausrücken, weil sie nur Organisationen mit ausschließlich gemeinnützigem, mildtätigem oder kirchlichem
Gesellschaftszweck finanziell und nicht-finanziell unterstützen wollen.
Das Ende vom Lied: ampelfit hat zwar einen gemeinnützigen Gesellschaftszweck, kann das aktuell und auf die Schnelle aber nur mit einer
entsprechenden Rechtsform manifestieren und befindet sich daher zum
Zeitpunkt der Entstehung des Buches in der Änderung der Rechtsform
– von der UG zur gUG. So ist eine bessere Start- und auch langfristige Finanzierung in dem Feld, in dem ampelfit tätig ist, gewährleistet.
Schließlich müssen die ursprünglichen Verhandlungen und Pläne mit
dem potenziellen Investor ebenfalls noch einmal ganz neu aufgezogen
werden. Denn dieser wird aus einer gUG (oder gGmbH) niemals Gewinne ziehen. Eine gUG darf ihre Gewinne nicht an die Gesellschaf-
ter ausschütten, sondern muss sie allein in den gemeinnützigen Zweck
reinvestieren. Bestimmte, d. h. klassische Investoren schreckt das natürlich ab.

Über das Finanzierungsthema hinaus stellten wir im Kontext der
Gemeinnützigkeit eine weitere Tatsache fest, und zwar in Bezug

[1] Ein Abdriften von der Mission, gesellschaftliche Wirkung zu erzielen, weil finanzielle Ziele in den Vordergrund rücken.
[2] Modellvorstellung bzw. Menschenbild der Wirtschaftstheorie.

auf Menschen, die ampelfit auf unterschiedliche Weise operativ unterstützen möchten: Eine UG oder andere nicht gemeinnützige Organisationsform darf man nicht einfach unentgeltlich unterstützen, ohne bald arbeits-, sozialversicherungs- und steuerrechtliche Themen auf dem Tisch zu haben. Helfende möchten ampelfit und seine gemeinnützige Mission mit Arbeitsstunden unterstützen, aber nicht gleich ein Gewerbe für diese Tätigkeit anmelden. Gleichzeitig haben wir die Erfahrung gemacht, dass, sobald Geld ins Spiel und die Frage nach dem Preis pro Arbeitsstunde aufkommen, alles ein bisschen kompliziert wird. Auch wenn zum Beispiel Trainer- und Coach-Honorare ausgezahlt werden (insbesondere zu Beginn evtl. in noch nicht allzu hoher Summe), erscheinen sie den entsprechenden Personen an manchen Tagen nicht rentabel für den dafür geleisteten Aufwand und ein ampelfit-Einsatz so nicht vernünftig (etwa wenn nur eine Stunde Kurs ansteht, die Anfahrt aber schon 30 min dauert und nur teilweise oder gar nicht erstattet werden kann) – durchaus nachvollziehbar. Andere, ehrenamtlich Helfende wiederum, die keine Vergütung oder Entschädigung erhalten, geraten nicht in diesen gedanklichen Konflikt, handeln ausschließlich für den guten Zweck und lassen finanzielle Faktoren außen vor. Ein interessantes menschliches Phänomen.

Würde diese Kompliziertheit aufgehoben, wenn gesellschaftliche Wirkung gemessen und angerechnet würde? Wir widmen uns der Wirkungslogik und -messung von ampelfit. Ob für die Bestimmung des SROI oder einer anderen Kennzahl zur Bewertung und Integration der gesellschaftlichen Wirkung, wie einem Impact-gewichteten Gewinn, es beginnt alles mit den Überlegungen zur Wirkungskette.

ampelfit's Chain of Impact

Inputs (Ressourcen)

Dem oben beschriebenen gesellschaftlichen Problem stellt ampelfit zunächst direkt die folgenden finanziellen, materiellen und immateriellen Ressourcen gegenüber: Mit dem ‚ampelfitKonzept' räumt das Sozialunternehmen mit veralteten Denkmustern und Methoden der (früh) kindlichen Erziehung, Präventionsarbeit und Heranführung an den Kampfsport auf. Es ist innovativ, leicht zu verstehen und umzusetzen.

Mit den intern ausgebildeten ‚ampelfitTrainern' und ‚ampelfitCoaches' schafft es das Unternehmen, zusätzliches Humankapital in dieser überlasteten Branche zu heben. Dazu stattet es Personen passender, ganz unterschiedliche Ausbildungs- und Berufshintergründe mit dem ampelfitKonzept aus, übernimmt unter anderem die MHFA-Schulung für alle ampelfitTrainer und Coaches und organisiert eine mehrwöchige Ausbildung mit Präsenzterminen und Online-Selbststudium. Zu den Inputs zählt somit personalseitig nicht allein die ausreichend hohe Anzahl an Trainern und Coaches, sondern auch die Qualität und Diversität im Team – dazu gehören Kompetenzen in den Feldern Fitness, Medizin, Ernährung und Kampfsport sowie Betriebswirtschaft, (Kunst) Pädagogik, Psychomotorik, Schauspiel, Inklusion und einige mehr. Neben dem eigens ausgebildeten Personal stellt das eigens produzierte Material für die Arbeit mit Kindern, Eltern und Fachkräften einen wichtigen Input dar. Beides zusammengenommen liefert folgende Nutzenvorteile:

- *Anpassung an die Bedürfnisse der Zielgruppe:* Selbstproduziertes Material kann speziell auf die Altersgruppe, den Entwicklungsstand und die Bedürfnisse der Kinder zugeschnitten werden. Dies ermöglicht eine maßgeschneiderte und zielgerichtete Kurserfahrung, die besser auf die individuellen Lernbedürfnisse und -stile der Kinder eingeht.
- *Kulturelle Relevanz und Sensibilität:* Durch die Erstellung eigener Materialien können kulturelle Nuancen, lokale Gegebenheiten und gesellschaftliche Kontexte besser berücksichtigt werden. Dies fördert eine sensiblere und relevantere Kursumgebung, die die Kinder besser anspricht und ihre Identität respektiert.
- *Aktualität und Anpassungsfähigkeit:* Selbstproduziertes Material ermöglicht eine schnellere Anpassung an aktuelle Entwicklungen, Trends und Bedürfnisse der Zielgruppe. Sie können flexibel reagieren und Inhalte aktualisieren, um den sich wandelnden Anforderungen gerecht zu werden.
- *Konsistenz und Einheitlichkeit:* Durch die Verwendung eigener Materialien kann eine konsistente und einheitliche Unterrichtserfahrung über alle Kurse hinweg gewährleistet werden. Dies fördert eine effektive Lernumgebung und erleichtert es den Kindern,

sich auf den jeweiligen Kurs einzulassen und die Inhalte besser zu verinnerlichen.

- *Einzigartigkeit und Alleinstellungsmerkmal:* Selbstproduzierte Materialien heben von Mitbewerbern ab. Das gibt es nur bei ampelfit.
- *Kontrolle über Qualität und Inhalt:* Durch die Erstellung eigener Materialien hat das Unternehmen die volle Kontrolle über die Qualität und den Inhalt der Kurse. Es kann sicherstellen, dass die Inhalte pädagogisch wertvoll, aktuell und ethisch unbedenklich sind, was das Vertrauen der Eltern und Kinder in das Unternehmen stärkt.
- *Anpassung an spezifische pädagogische Ziele:* Selbstproduziertes Material kann gezielt auf die pädagogischen Ziele und Lehrpläne der Kurse abgestimmt werden. Das ermöglicht eine effektive Vermittlung von Schlüsselkonzepten und Fähigkeiten, die den Kindern helfen, Selbstbehauptung und Sicherheit zu erlangen.

Schließlich sind noch zwei weitere wichtige Inputs von ampelfit zu benennen, die relevant sind für den (schnelleren) Erfolg des Sozialunternehmens. Zum einen ist es gelungen, einen aktiven Impact Investor für die Startfinanzierung zu gewinnen. Für viele (Social) Startups ist es eines der wichtigsten Dinge, die eigene Finanzierung durch aktive Investoren zu sichern bzw. zu stärken. Aktive (Impact) Investoren sind in der Regel vermögende Privatpersonen oder Organisationen, die in junge Unternehmen investieren. Sie sind meist geduldiger als beispielsweise Risikokapitalgeber – unter anderem, weil sie keine Investitionsziele haben, die innerhalb eines bestimmten Zeitrahmens liegen, weil sie an einer langfristigen Partnerschaft mit dem Startup interessiert sind, schließlich suchen sie meist proaktiv danach, und weil sie sich einen stärkeren Fokus auf die Mission des (Social) Startups erlauben. Insgesamt bedeutet dies, dass sie eher bereit sind, ein Startup weiterhin zu unterstützen, auch wenn der Erfolg länger auf sich warten lässt – etwa weil die Entwicklung eines Produkts länger dauert als erwartet oder von vornherein klar ist, dass keine schnellen, hohen Profite realisiert werden. Aufgrund der Flexibilität von aktiven Investoren ist es als (Social) Startup einen Versuch wert, einen überzeugenden Vorschlag für die Investition in das eigene Unternehmen zu versuchen und gute Konditionen vorzulegen – auch wenn voraussichtlich mehr Zeit benötigt wird, um die Investition zurückzuzahlen oder wenn eine größere Kapitalbeteiligung durch den Investor nicht gewollt ist.

Schließlich bringt ampelfit von Anfang an ein ganzheitliches Netzwerk ein und weiß es weiter auszubauen. Das ist umso nützlicher vor dem Hintergrund, dass das Sozialunternehmen verschiedene Sektorlogiken (Wirtschaft und Soziales) kombiniert und sich auf vielen Seiten in seiner sozialen und ökonomischen Identität Externen gegenüber begreiflich machen muss. Diese wiederum gehören zum Beispiel zum öffentlichen Sektor (etwa städtische Einrichtungen) und sind Unternehmen der Wirtschaft, die bislang alle entweder mit ausschließlich gemeinnützigen Organisationen oder mit Wirtschaftsunternehmen gearbeitet haben, nicht jedoch mit hybriden Organisationen wie Sozialunternehmen es eben sind. Jeder Akteur aus dem Netzwerk, der da Türen öffnet, schon Vorrede leistet und empfiehlt, der mit Ressourcen unterstützt, eine Kooperation eingeht und wohlwollend, dem Impact dienlich entscheidet, mögliche bürokratische Hürden aufzuheben, ist da Gold wert.

Aktivitäten (Handlungen)

Zu den konkreten Kernaktivitäten von ampelfit gehören die Durchführung von ‚ampelfitKursen' mit Kindern (3–11 Jahre), die Durchführung von ‚ampelfitWorkshops' mit Fachkräften und die Durchführung von ‚ampelfitElternschulungen'. Darüber hinaus publiziert ampelfit Bücher, Arbeitsmaterialien, Methoden und Merchandise-Produkte, um das Konzept und Angebot zusätzlich zu verbreiten, Aufklärung zu leisten und Familien sowie Einrichtungen zu unterstützen. ampelfit akquiriert Patenschaften durch Unternehmen und Privatpersonen für Bildungsgerechtigkeit und die Gleichstellung von Kindern. Das Sozialunternehmen startete gleich zu Beginn mit Kooperationspartnern, die physische Infrastruktur beitragen, Teil der ampelfitAusbildung von Trainern und Coaches sind, Mundpropaganda befeuern und für gemeinsame Formate zur Verfügung stehen. All diese und andere Gegebenheiten führten dazu, dass ampelfit relativ zügig und umfangreich Kunden bedienen konnte, ohne ein besonders hohes Investitionsvolumen zu benötigen und sich schnell aus operativen Rückflüssen tragen zu können.

Outputs (Ergebnisse)
Die daraus abgeleiteten direkten Ergebnisse von ampelfit sind primär die durchgeführten Formate. Sie lassen sich zunächst bemessen anhand der Anzahl erreichter Kinder, Fachkräfte und Elternteile. Die Anzahl erreichter Kinder ist darüber hinaus zu bestimmen an der Anzahl gewonnener Patenschaften. Zu den direkten und greifbaren Ergebnissen zählen zudem alle Produkte, die aus der Eigenproduktion abgesetzt werden, sowie die Anzahl an Kooperationen und aktiven Netzwerkpartnern und deren zugesicherte Beiträge (z. B. Workshop-Location, finanzielle Mittel, Werbefläche usw.)

Outcome (Mittelfristige Wirkung auf Zielgruppen)
Die erreichten Kinder haben gelernt auszudrücken, wie sie sich fühlen und Problemsituationen benennen, sich im nächsten Schritt Hilfe zu holen oder selbst zu wehren. Die erreichten Fachkräfte in Einrichtungen sowie Eltern haben gelernt, sich aller Bedürfnisse ihrer Kinder bewusst zu werden und darauf angemessen einzugehen. Kinderrechte werden zunehmend gewahrt. Der Umgang in den Einrichtungen, zwischen Kindern als auch zwischen Kindern und Erwachsenen, wird ein besserer. Weil Kinder gelernt haben, Gewalt- und Gefahrensituationen überhaupt erst zu erkennen, können sie direkt Einhalt gebieten und sich rechtzeitig aus solchen Situationen herausholen. So verhält es sich zum Beispiel und insbesondere auch in Bezug auf pädophile und andere Straftaten an Kindern.

Durch die Kombination verschiedener Messmethoden erhalten wir ein umfassendes Bild darüber, wie effektiv ein Social Startup die angestrebten Outcomes erreicht. Um die beschriebenen Outcomes von ampelfit zu messen, können folgende Outcome-Indikatoren (OI) und entsprechende Messmethoden verwendet werden.

OI1: *Kindliche Fähigkeiten zur Selbstreflektion, Selbstexpression und Problemlösung gemessen an der Anzahl der Kinder*

Messmethoden: Vorher-Nachher-Fragebögen für Kinder, Beobachtungen durch Fachkräfte, Eltern- und Lehrerfeedback, qualitative Interviews mit Kindern.

OI2: *Bewusstsein von Fachkräften und Eltern über die Bedürfnisse der Kinder gemessen am Grad der Wahrnehmung und des Verständnisses von Fachkräften und Eltern darüber sowie an der Anzahl der Erwachsenen*

Messmethoden: Vorher-Nachher-Fragebögen für Fachkräfte und Eltern, Umfragen zum Wissensstand, Beobachtungen von Trainings und Szenarien.

OI3: *Wahrung von Kinderrechten gemessen am Grad der Wahrnehmung und des Verständnisses von Erwachsenen im Umgang mit Kindern*

Messmethoden: Umfragen zum Wissensstand, Beobachtungen von Trainings und Szenarien

OI4: *Verbesserung von zwischenmenschlichen Beziehungen (z. B. Eltern-Kind) gemessen am zwischenmenschlichen Umgang in den Einrichtungen*

Messmethoden: Beobachtungen des Verhaltens in den Einrichtungen, Fallstudien über Konfliktlösungen und zwischenmenschliche Beziehungen.

OI5: *Prävention von Gewalt- und Gefahrensituationen gemessen an den Fähigkeiten der Kinder, Gefahrensituationen zu erkennen und sich zu schützen.*

Messmethoden: Selbstberichte von Kindern über ihre Fähigkeit, Gefahren zu erkennen, Fallstudien über erfolgreiche Interventionen in potenziell gefährlichen Situationen, Feedback von Fachkräften und Eltern über das Verhalten, die Sicherheit und das Wohlbefinden der Kinder.

Impact (Langfristige Auswirkungen auf die Gesellschaft)
ampelfit hat das Potenzial, weitreichende und langfristige Auswirkungen auf die Gesellschaft zu haben, indem es das Verhalten, die Einstellungen und die Lebensumstände von Kindern, Eltern und Fachkräften beeinflusst. Folgende Impact-Indikatoren (II) und Bewertungsmethoden können gewählt werden, um diese langfristigen Auswirkungen zu messen und zu bewerten:

I1: *Starke Kinderrechte, Kinder und Erwachsene, die sie werden, gemessen am Grad der Umsetzung von Kinderrechten in Einrichtungen und in der Gesellschaft*

Durch die Sensibilisierung und Schulung von Fachkräften, Eltern und Kindern für die Rechte der Kinder und für Selbstregulation sowie die Förderung einer unterstützenden Umgebung in Einrichtungen und Haushalten werden Kinderrechte zunehmend respektiert und geschützt. Negative Kindheitserlebnisse oder gar Kindheitstraumata werden verringert, wodurch starke Individuen heranwachsen.

Messmethode: Umfragen unter bzw. Beobachtungen (Fallstudien) von Fachkräften, Eltern und Kindern in Bezug auf ihre Kenntnisse und Wahrnehmungen von Kinderrechten.

I2: *Verbesserung zwischenmenschlicher Beziehungen, gemessen an Veränderungen im Umgangston und in der Interaktion zwischen Kindern und Erwachsenen sowie unter den Kindern*

Ein respektvollerer und unterstützender Umgang und Umgangston zwischen Kindern und Erwachsenen sowie unter den Kindern trägt langfristig zu einer positiven sozialen Dynamik in Einrichtungen und darüber hinaus bei.

Messmethoden: Beobachtungen des Interaktionsstils in Einrichtungen, Umfragen unter Fachkräften, Eltern und Kindern über ihre Wahrnehmungen von zwischenmenschlichen Beziehungen, Fallstudien über Interaktionen und Konfliktlösungen.

I3: *Veränderung von sozialen Normen und Einstellungen gemessen an Veränderungen in der öffentlichen Meinung und in den sozialen Normen bezüglich Kinderschutzes und Kinderrechten.*

Durch das wachsende Bewusstsein für Kinderschutz und Kinderrechte in der Gesellschaft machen sich langfristig soziale Normen und Einstellungen breit, die Kindeswohl und -sicherheit fördern und fordern

Messmethoden: Durchführung von Umfragen zur öffentlichen Meinung, Beobachtung von Medienberichterstattung und Diskussionen in sozialen Medien.

II4: *Strukturelle Veränderungen gemessen an der Quantität (und Qualität) eingeführter Richtlinien und Programme in Bildungseinrichtungen und anderen Organisationen, die auf die Förderung von Kinderrechten und die Prävention von Gewalt- und Gefahrensituationen abzielen.*

Messmethoden: Analyse von Politikdokumenten, Überwachung von Programminitiativen, Bewertung der Implementierung von Richtlinien durch Interviews mit Entscheidungsträgern.

Diese langfristigen Auswirkungen entwickeln sich schrittweise und sind das Ergebnis eines kontinuierlichen Engagements und der Zusammenarbeit verschiedener Akteure. Nachdem nun der Umfang der zu bewertenden Aktivitäten eingegrenzt und festgelegt ist, als auch Inputs, Outputs und Outcomes identifiziert sind, ist zum Beispiel die Grundlage für die Bestimmung des ,ampelfitSROI' geschaffen. Dabei nehmen wir, wie bereits weiter oben ausgeführt, zwei

Betrachtungsebenen ein:

a. Welche Wertschöpfung erfolgt durch die Aktivitäten von ampelfit?
b. Welchen Beitrag leistet die Organisation zur Vermeidung von Risiken, die soziale Kosten nach sich ziehen?

Beide Betrachtungsebenen führen zur Berechnung des Social Impacts und es muss geprüft werden, welche der beiden Logiken je Einflussfaktor sinnhaft ist. Nicht selten greifen beide. Schließlich – wir erinnern uns – berechnet sich der SROI über den Quotienten aus der Summe der monetär bewerteten Outcomes (z. B. Einsparungen durch Prävention von Gewalt- und Gefahrensituationen, verbesserte Lebensqualität durch gestärkte zwischenmenschliche Beziehungen) und der Summe der Investitionen (z. B. Kosten für Durchführung der Kurse und Workshops, Entwicklung und Produktion von Materialien, Kosten für Akquisition von Patenschaften und Kooperationspartnerschaften, ein Impact Investment). Eine genaue Berechnung erfordert detaillierte Daten zu den

Kosten und quantifizierten sozialen Auswirkungen, die über einen bestimmten Zeitraum erzielt wurden. Wir nehmen im Folgenden lediglich Schätzungen vor und verdeutlichen, welche Überlegungen im Fall von ampelfit passend erscheinen (ohne Anspruch auf Vollständigkeit):

* *Kostenvermeidung im Gesundheitswesen:* Durch die Präventivarbeit gegen Gewalt- und Gefahrensituationen mit Kindern werden Behandlungskosten von Opfern von Gewalt und Missbrauch ,eingespart', da sie gar nicht erst entstehen. Diese Behandlungskosten können z. B. auf 10.000 € pro Fall vermiedener Misshandlung oder Gewaltausübung geschätzt werden. Die Kostenschätzung von Behandlungskosten für Opfer von Gewalt und Missbrauch basiert auf einer Vielzahl von Faktoren und Quellen. Einige der Hauptquellen und Überlegungen, die bei der Schätzung solcher Kosten berücksichtigt werden, sind sicher medizinische Behandlungskosten (z. B. durch Krankenhausaufenthalte, medikamentöse Behandlungen), psychologische Behandlungskosten (für die Aufarbeitung von z. B. Angststörungen, Depressionen und posttraumatische Belastungsstörungen) und langfristige, indirekte Kosten, z. B. Arbeitsausfälle aufgrund von psychischen Problemen und verminderte Produktivität.
* *Kostenvermeidung im Justizsystem:* Im Zusammenhang mit der Verfolgung und Behandlung von Fällen von Gewalt und Kindesmissbrauch können Kosten pro Fall vermiedener Gerichtsverfahren geschätzt werden in Höhe von z. B. 5000 €, darunter Rechtskosten etwa für Anwälte, Gerichtsverfahren, forensische Untersuchungen und rechtliche Beratung.
* *Wertschöpfungen und Kostenvermeidung in den Einrichtungen:* Mental entlastete Fachkräfte weisen eine erhöhte Produktivität und Gesundheit nicht zuletzt durch bessere zwischenmenschliche Beziehungen und das Bewusstsein um die eigene Wirksamkeit auf. Die Produktivitätssteigerung am Arbeitsplatz aufgrund besserer Teamarbeit, weniger Konflikte und Fehltage kann auf 10.000 € pro Mitarbeiter pro Jahr geschätzt werden. Diese Schätzung kann auf durchschnittlichen Kosten für Arbeitsausfälle und Ersatz von Mitarbeitern aufgrund von Konflikten oder stressbedingten Fehlzeiten basieren. Sie kann zudem basieren auf der erwarteten Steigerung der Arbeitsproduktivität aufgrund verbesserter zwischenmenschlicher Beziehun-

gen und Teamarbeit, auf Erfahrungen der Organisation oder Branche beruhend.

- *Wertschöpfung in der lokalen Gemeinschaft:* ampelfit steigert das soziale Kapital[3] und die soziale Integration. Der Wert des sozialen Kapitals durch die Förderung achtsamer, starker Individuen in der Gemeinschaft kann zum Beispiel auf 1000 € pro Individuum (Kinder, Eltern und Fachkräfte) pro Jahr geschätzt werden. Diese Schätzung basiert zum Beispiel auf Studien und Berichten, die den finanziellen Nutzen einer eng verbundenen Gemeinschaft oder eines gestärkten sozialen Kapitals quantifiziert.

Alle Schätzungen dienen lediglich als Gedankenstütze und können je nach Kontext und Annahmen variieren. Es ist wichtig, dass bei der monetären Bewertung von sozialen Outcomes angemessene Daten und Methoden verwendet werden, um die Genauigkeit und Zuverlässigkeit der Schätzungen sicherzustellen. Eine möglichst genaue Kostenschätzung basiert auf Studien, Statistiken und Erfahrungen (Praxis) der Organisation bzw. anderer vergleichbarer Organisationen zum Beispiel innerhalb einer Branche. Abermals ist zu berücksichtigen, dass Schätzungen mit Unsicherheiten verbunden sind und je nach Region, Kontext und individuellen Umständen variieren können. Aber wir erinnern uns an das Zitat weiter oben. Akteure müssen sich insbesondere auf soziale Werte einigen, so wie man sich in Bezug auf den Wert jeder einzelnen gültigen Währung irgendwann geeinigt hat. Berechnet sich der ampelfitSROI nun durch Teilung des gesellschaftlichen Wirkwertes der Investition durch die Kosten der Investitionen und wir legen folgende Zahlen für das erste Jahr zugrunde:

ampelfitSROI: 1.500.000 €/150.000 € = 10

---

[3] Soziales Kapital bezieht sich auf die Ressourcen, Beziehungen und Netzwerke, die in Gemeinschaften vorhanden sind. Es ist eine Art „sozialer Klebstoff", der Menschen miteinander verbindet und kooperatives Verhalten ermöglicht. Im Wesentlichen besteht soziales Kapital aus Vertrauen, Normen gegenseitiger Unterstützung und Zusammenarbeit sowie dem Engagement der Mitglieder einer Gemeinschaft für das Gemeinwohl. Soziales Kapital spielt eine wichtige Rolle für das Wohlbefinden und die Entwicklung von Menschen in Gemeinschaften, da es die Resilienz gegenüber Herausforderungen erhöht und die soziale Integration fördert.

Es ist ein Ansatz getätigt, um die Relevanz der Präventionsarbeit von ampelfit zu verdeutlichen. Der positive SROI größer 1 zeigt, dass der soziale oder ökologische Wert größer ist als die investierte Geldeinheit. Für jede investierte Einheit werden 10 Einheiten sozialer Wert generiert. Ein Vergleich mit anderen Anbietern hätte wohl enorme Auswirkungen auf den Fluss von Geldmitteln in diesem Themenfeld.

4.2   24ft. GmbH

Übersicht

Unternehmensname:	24ft. GmbH
Gründungsjahr:	2021
Branche:	Bauwirtschaft
Hauptsitz:	Mannheim
Mitarbeiteranzahl:	5–10

Mission:
Für ungenutzte Flächen erhöht 24ft. die Wirksamkeit durch die Entwicklung von Konzepten für die dauerhafte oder temporäre Nutzung dieser Flächen mit physischer Infrastruktur aus flexiblen, recycelten Seecontainern – für mehr mobiles Wohnen und Arbeiten auf weniger Raum und mehr Leben mit der Community und der Natur.

Produkte/Dienstleistungen:
Konzepte für modulare Wohn- und Arbeitslösungen, Design und Konstruktion von Containerstrukturen, Projektmanagement und Beratungsdienste, Integration neuer Technologien, Vermietung und Verwaltung von Container-Immobilien.

Alleinstellungsmerkmale:
Nachhaltigkeit durch die Nutzung recycelter Seecontainer, Flexibilität und Mobilität durch modulare und maßgeschneiderte Lösungen, Innovative Konzepte und Design durch die Nutzung neuer Technologien und Architekturkompetenz.

Kunden:
Gemeinden und Kommunen, die ungenutzte Flächen in ihren Gebieten revitalisieren und für verschiedene Zwecke nutzen möchten, wie z. B. tem-

poräre Unterkünfte, Gemeinschaftszentren oder temporäre Büroflächen. Unternehmen, die modulare, flexible Wohn- und Arbeitslösungen für Projekte benötigen. Projektentwickler und Grundstückbesitzer, die attraktive Wohn- und Geschäftsflächen schaffen möchten.

Kontaktinformationen:
www.24ft.de | hallo@24ft.de

Der visionäre Kopf und Geschäftsführer von 24ft. ist Andre Tiede. Das Arbeiterkind aus dem Norden Deutschlands, akademisch ausgebildete Pflegekraft und schon damals auf dem Schulhof unternehmerisch aktiv, hatte schnell den Blick für relevante Innovationen entwickelt und gilt heute als Experte für neue Technologien. Über Umwege gelang Andre in den Startup-Kontext (mit Tech-Fokus). Er befand sich zunächst auf der Fördererseite, als Manager eines Technologie-Hubs und Coworking Space für Startups und in enger Zusammenarbeit mit der Wirtschaftsförderung, Politik und Wirtschaft. Mit 24ft. gründete er ein Startup aus einer Reihe neuer Unternehmen, deren Entstehung allesamt auf einem äußerst typischen Gründermerkmal beruht, und zwar der Fähigkeit, Chancen zu erkennen und zu nutzen. Hierzu zählen Innovationsgeist, Risikobereitschaft, Anpassungsfähigkeit, Entschlossenheit, Netzwerkfähigkeiten als auch Markt- und Branchenkenntnisse. Andre und ich begegneten uns einige Monate vor der Gründung von 24ft. in meinem Coworking Space (S:HUB) in Mannheim, wo er mit seinem Tech-Hub-Team tagte. Zwei Gleichgesinnte mit komplementären Kompetenzen, beide verliebt in das Thema und den Blick auf die Potenziale und Zukunft, die eine Zusammenarbeit im Allgemeinen bringen wird – er musste mich nicht lange überreden, bei 24ft. einzusteigen.

24ft. bedient folgende Problemlagen: Zunächst haben viele Gemeinden und Städte mit ungenutzten Flächen und Leerstand zu kämpfen, sei es aufgrund wirtschaftlicher Schwierigkeiten, demografischer Veränderungen oder anderen Gründen. 24ft. arbeitet an der Wiederbelebung und effektiven Nutzung solcher Flächen. Zweitens herrscht in vielen Regionen ein Mangel an bezahlbarem und flexiblem Wohn- und Arbeitsraum, wo das Social Startup mit Minimalismus und Modularität kluge Konzepte liefert. Drittens, reduziert die Nutzung recycelter Seecontainer als Baustoff den Bedarf an neuen Baumaterialien und trägt zur Reduzierung von Abfall und Umweltbelastungen bei. Durch die geringe Quadratmeterzahl und Stapelbarkeit von Containern wird zusätzlich der Bodenverdichtung entgegengewirkt.

Der Start von 24ft. ist durch zwei Produkte besonders geprägt: 1. Die Konzipierung und Entwicklung eines sogenannten Living Container High Bay Store und 2. ‚Yobsti‘, ein System für die Produktionssteuerung und den Direktvertrieb von Lebensmitteln. Der 24ft. Living Container High Bay Store kann baulich wie ein Hybrid aus Paternosteraufzug und Hochregal verstanden werden, in den ich mein kleines Zuhause platziere und anschließe, lebe, und sobald ich an dem einen Standort ‚fertig‘ bin, ziehe ich mit all meinem Hab und Gut zum nächsten 24ft. High Bay Container Storage für Tiny Houses – relativ einfach, relativ schnell. Für die Konzipierung und Entwicklung dieses innovativen Produkts hat das junge Unternehmen eine Landesförderung in 6-stelliger Höhe erhalten. Von Beginn an war es in Bezug auf die Finanzierung das Ziel, aufgrund des hohen Innovationsgrades des Startups und gegebener Förderambitionen der Länder und der EU, Drittmittel zu akquirieren, was erfolgreich gelang. Man kann sagen, je innovativer ein Startup, desto weniger ist es möglich, Bootstrapping zu betreiben und sich aus eigenem operativem Cashflow zu finanzieren. Innovative Ideen erfordern, wie auch im Fall 24ft., meist umfangreiche Forschung und Entwicklung, um sie zu realisieren. Das bedeutet entsprechend höhere Anfangsinvestition, insbesondere in kluge Köpfe. Darüber hinaus können mit höherem Innovationsgrad auch höhere Anstrengungen in die Skalierung des Produkts erforderlich sein, etwa aufgrund erheblicher Investitionen in Infrastruktur, Marketing und Vertrieb, Markteinführung und Akzeptanz sowie das Aufbrechen vorhandener regulatorischer Anforderungen.

Das Projekt, um das es allerdings im folgenden Verlauf geht, ist Yobsti, nicht zuletzt aufgrund der hohen gesellschaftlichen Relevanz, die sich durch die aktuellen Aufstände der Bauern (Anfang 2024) in ganz Deutschland und der politischen Lage äußert. Im Fall von Yobist arbeitet 24ft. mit dem Tech-Startup ‚Yobst‘ zusammen. Während Yobst die IT-Leistungen erbringt, kümmert sich 24ft. um die Projektentwicklung und physische Infrastruktur. Gemeinsam schaffen sie einen regionalen Marktplatz und ein Versorgungssystem für Lebensmittel, in dem sich Softwareentwicklung, KI-Analysen, technische wie physische Infrastruktur, Transparenz zu Angebot, Nachfrage und Lieferketten sowie dynamische, datenbasierte Preisfindung zu einem harmonischen Ganzen vereinen. Regionalität wird dadurch sichtbar. Lokale und regionale Landwirte als auch Lebensmittelproduzenten können sich sukzessive vom Preisdruck des Handels lösen, weil Yobsti die faire, direkte Verbindung zu den Verbrauchern ermöglicht. Die gesellschaftliche Wirkung von 24ft. erschließt sich weiterhin über seine ökologische Nachhaltigkeit: Mit Yobsti setzt man auf kurze Transportwege und effizientes Schnittstellenmanagement, um die $CO2$-Bilanz zu verbessern. Das umfasst auch die Minimierung von Lebensmittelverschwendung. Die Lösung setzt sich zusammen aus einer digitalen Plattform und einem Netzwerk von smarten Selbstbedienungsläden in Form von Hofladen-Containern. Damit nimmt Yobsti keine Händler-, sondern eine notwendige Vermittlerrolle ein, die den reibungslosen Ablauf und Dialog zwischen Angebot und Nachfrage und damit zwischen zahlreichen Details herstellt.

24ft.'s Chain of Impact für das Produkt 'Yobsti'

Inputs (Ressourcen)

- Strategische Partnerschaft mit dem Tech-Startup Yobst für Expertise in Softwareentwicklung, KI-Analysen und IT-Leistungen.
- Ressourcen (insb. Innovationskraft, Netzwerk und Team) für die Projektentwicklung
- Strategische Partnerschaft mit deutscher Container-Veredelung für den Bau und die Lieferung physischer Infrastruktur
- Die Finanzierung für die Entwicklung und Implementierung von Yobsti

Kernaktivitäten (Handlungen)

- Entwicklung der digitalen Plattform
- Planung und Aufbau des physischen regionalen Marktplatzes und Versorgungssystems, inkl. der Kommunikation und Koordination mit regionalen Landwirten und Lebensmittelherstellern
- Integration von Softwareentwicklung und KI-Analysen zur Transparenz über Angebot, Nachfrage und Lieferketten
- Bau des Netzwerks von smarten Selbstbedienungsläden in Form von Hofladen-Containern
- Marketing Richtung Endverbraucher

Outputs (Ergebnisse)

- Eine digitale Plattform, gemessen an ihrer Funktionsfähigkeit und Anzahl der Nutzer bzw. Marktteilnehmer
- Smarte SB-Hofladen-Container, gemessen an ihrer Anzahl und der Anzahl an Regionen, in denen sie vertreten sind
- Verfügbarkeit von regionalen Produkten auf dem Marktplatz, gemessen an der Art und Anzahl der Produkte

Outcome (Mittelfristige Wirkung auf Zielgruppen)
Transparenz über Angebot, Nachfrage und Lieferketten für Landwirte, Produzenten und Verbraucher

OI1: *Prozentsatz der regionalen Landwirte, Produzenten und Verbraucher, die angeben, über ausreichende Informationen zu Angebot, Nachfrage und Lieferketten zu verfügen zu haben.*

Messmethoden: Umfragen unter Landwirten, Produzenten und Verbrauchern vor und nach der Einführung von Yobsti, Interviews mit Stakeholdern, Analyse der Nutzungsdaten der digitalen Plattform von Yobsti zur Überwachung der Transparenz in Echtzeit.

Steigerung der Direktverkäufe für lokale und regionale Landwirte und Produzenten[4]

OI2: *Prozentsatz der Landwirte und Produzenten, deren Direktverkäufe nach der Einführung von Yobsti gestiegen sind, sowie der Prozentsatz der Steigerung der Direktverkäufe selbst.*

Messmethoden: Analyse von Verkaufsdaten vor und nach der Einführung von Yobsti, Vergleich der Direktverkäufe über einen bestimmten Zeitraum.
Reduzierung des Preisdrucks des Handels auf lokale Landwirte und Produzenten

OI3: *Veränderung der Preisstrukturen für lokale Landwirte und Produzenten im Vergleich zu den vorherigen Bedingungen.*

Messmethoden: Vergleich der Preise, die lokale Landwirte und Produzenten vor und nach der Einführung von Yobsti erzielen, Analyse der Preisunterschiede zwischen Direktverkäufen und dem traditionellen Handel.
Reduzierung von Lebensmittelverschwendung durch effizientes Schnittstellenmanagement

OI4: *Prozentsatz der Lebensmittelverschwendung, der durch Yobsti (durch effizientes Schnittstellenmanagement) reduziert wurde.*

Messmethoden: Analyse von Lebensmittelverschwendungsdokumentationen vor und nach der Einführung von Yobsti, Befragungen von Landwirten, Produzenten und Verarbeitern zur Bewertung der Effizienz des Schnittstellenmanagements.

---

[4] Der gesellschaftliche Nutzen hieraus erschließt sich aus der möglichen Einkommenssteigerung für Landwirte und Produzenten, einer gesteigerten Wirtschaftlichkeit und Effizienz der Lebensmittelversorgung, der Stärkung der lokalen Wirtschaft, aus frischeren Produkten für Verbraucher sowie Transparenz und Vertrauen unter den Akteuren.

Impact (Langfristige Auswirkungen auf die Gesellschaft)

- Erhöhung des Bewusstseins für regionale Produkte und deren Wertschätzung durch die Verbraucher
- Förderung einer nachhaltigeren und unabhängigeren Lebensmittelversorgung und -wirtschaft in der Region

Stärkung der regionalen Wirtschaft durch die Unterstützung von Landwirten und Produzenten im Direktvertrieb und in der Vernetzung untereinander:

II1: *Umsatzsteigerung der regionalen Landwirte und Produzenten, die über die Plattform verkaufen, über einen bestimmten Zeitraum.* Messmethode: Vergleich des Gesamtumsatzes vor und nach der Nutzung der Plattform anhand von Finanzberichten und Buchhaltungsdaten.

II2: *Marktanteil der regionalen Produkte am Gesamtmarkt in der Region.*

Messmethode: Analyse der Verkaufsdaten und Marktanteile regionaler Produkte im Vergleich zu nicht-regionalen Produkten vor und nach Ein-führung der Plattform.

II3: *Anzahl neuer landwirtschaftlicher Betriebe und Produzenten, die sich der Plattform anschließen.*

Messmethode: Registrierungs- und Mitgliedschaftsdaten auf der Plattform über einen bestimmten Zeitraum.

II4: *Stärkung der Wettbewerbsfähigkeit regionaler Landwirte und Produzenten im Vergleich zu nicht-regionalen Anbietern.*

Messmethode: Analyse der Preise, Produktqualität und Kundenbindung regionaler Produkte im Vergleich zu nicht-regionalen Produkten.

Verbesserung der Umwelt:

II5: *Gesamteinsparungen von CO2-Emissionen durch kurze Transportwege und die Minimierung von Lebensmittelverschwendung.*

Messmethode: Berechnung der CO2-Einsparungen durch den Vergleich der Transportwege und des Abfallaufkommens vor und nach der Implementierung der Maßnahmen. Dies kann auf Basis von Transportdaten, Abfallstatistiken und Lebenszyklusanalysen erfolgen.

II6: *Reduzierter Energieverbrauch für den Transport und die Lagerung von Lebensmitteln.*

Messmethode: Erfassung von Daten zum Energieverbrauch für Transport- und Lagerprozesse vor und nach der Implementierung von Maßnahmen zur Reduzierung von Transportwegen und Lebensmittelabfällen.

II7: *Prozentsatz der reduzierten Lebensmittelverschwendung (Abfallreduktion.)*

Messmethode: Quantifizierung der Menge an Lebensmittelabfällen vor und nach Nutzung der Plattform. Dies kann durch Abfallanalyse, Gewichtsmessungen und Inventurdaten erfolgen.

II8: *Ökosystemgesundheit (Auswirkungen auf die Biodiversität und Ökosysteme in der Umgebung).*

Messmethode: Überwachung von Indikatoren für die Biodiversität und Gesundheit von Ökosystemen in der Nähe von Landwirtschaftsbetrieben und Lebensmittellieferketten, z. B. Artenvielfalt, Boden- und Wasserqualität.

II9: *Verminderte Nutzung natürlicher Ressourcen.*

Messmethode: Analyse der Ressourcennutzung (wie Wasser, Boden und Energie) vor und nach der Implementierung von Yobsti.

Erhöhung des Bewusstseins für regionale Produkte und deren Wertschätzung durch die Verbraucher:

II10: *Veränderung der Verbraucherwahrnehmung und -einstellung gegenüber regionalen Produkten und ihrer Entstehung.*

Messmethoden: Umfragen zur Verbraucherwahrnehmung und -einstellung gegenüber regionalen Produkten vor und nach der Nutzung der Plattform, Analyse des Kaufverhaltens und der Präferenzen für regionale Produkte.

Förderung einer nachhaltigeren und unabhängigeren Lebensmittelversorgung und -wirtschaft in der Region:

II11: *Grad der Verbreitung nachhaltiger Praktiken in der Lebensmittelproduktion und -versorgung in der Region*

Messmethoden: Identifizierung und Bewertung von nachhaltigen Praktiken und Initiativen in der Lebensmittelversorgungskette, Erfassung von Daten zu Umweltmaßnahmen und -programmen von Landwirten und Produzenten auf der Plattform, Analyse von Trends in der Einführung nachhaltiger Praktiken über die Zeit hinweg.

Der Impact-gewichtete Gewinn könnte nun anhand der Outcome-Indikatoren und den dafür festgesetzten Zielzahlen bestimmt werden. Es folgt eine exemplarische Berechnung wie in Abschn. 3.2 bereits vorgemacht und wieder ohne Anspruch auf Vollständigkeit.

1. **Identifikation der relevanten Einflussfaktoren und Wirkungsziele:**

- OI1: Erhöhung der Transparenz über Angebot, Nachfrage und Lieferketten für regionale Landwirte, Produzenten und Verbraucher
- OI2: Steigerung der Direktverkäufe für lokale und regionale Landwirte und Produzenten
- OI3: Reduzierung des Preisdrucks des Handels auf lokale Landwirte und Produzenten

- OI4: Reduzierung von Lebensmittelverschwendung durch effizientes Schnittstellenmanagement

2. **Festlegung des Impact-Koeffizienten je Wirkungsziel:**

- Erhöhung Transparenz (OI1): 0,15
- Erhöhung Direktverkäufe (OI2): 0,35
- Preisdruckreduktion (OI3): 0,20
- Reduzierung Lebensmittelverschwendung (OI4): 0,30

3. **Zuordnung zu finanziellen Positionen:**
   Bei der Zuordnung von Output-Indikatoren zu finanziellen Positionen können Aufwände und (mögliche) Erträge berücksichtigt werden. Es stellt sich jeweils auch die Frage, auf welcher Seite bzw. bei welchem Akteur diese entstehen oder ob Aufwände und Erträge dem Gemeinwohl zuzuordnen sind.

Transparenz:

- Aufwand für die Entwicklung, Bereitstellung und Verwaltung der Yobsti-Informationsplattform.
- Ertrag bzw. Nutzen aus der Sichtbarkeit auf der Plattform.

Direktverkäufe:

- Umsatzerlöse aus dem Verkauf von Produkten.
- Einsparung u. a. von Vertriebs- und Handelsmargen, Transportkosten, Vermarktungskosten.

Preisdruckreduktion:

- Differenz zwischen erzielten Verkaufspreisen vor und nach der Implementierung und die entsprechenden Umsatzveränderungen

Lebensmittelverschwendung:

• Kosteneinsparungen für Abfallentsorgung und Reduzierung der Verluste durch unverkaufte Ware

4. **Datenerhebung und Quantifizierung:**
   Nehmen wir an, dass die folgenden Zahlen für die Outcome-Indikatoren ermittelt wurden, anteilig den Zielzahlen:

   • OI1: 70 % der Zielgruppen geben an, über ausreichende Informationen zu Angebot, Nachfrage und Lieferketten zu verfügen.
   • OI2: Die Direktverkäufe der Landwirte und Produzenten sind um 30 % gestiegen.
   • OI3: Die Preise für lokale Landwirte und Produzenten sind um durchschnittlich 15 % gestiegen.
   • OI4: Die Lebensmittelverschwendung wurde um 30 % reduziert.

5. **Normalisierung der Daten:**
   Um die Normalisierung für den Impact-gewichteten Gewinn durchzuführen, können wir die Min–Max-Normalisierungsmethode verwenden. Dafür müssen die Daten für die Outcome-Indikatoren erhoben und quantifiziert werden (siehe Schritt 4). Nachdem die Daten vorliegen, stellen wir durch eine passende Normalisierungsmethode[5] sicher, dass alle Werte zum Beispiel zwischen 0 und 1 liegen. Da wir hier die prozentualen Veränderungen für jeden Outcome-Indikator vor und nach der Einführung von Yobsti bestimmt haben, ist dies gegeben.

6. **Anwendung der Impact-Koeffizienten auf normalisierte Daten:**
   Nach der Normalisierung multiplizieren wir die normalisierten Werte mit den entsprechenden Impact-Koeffizienten und addieren sie, um den Impact-gewichteten Gewinn zu berechnen.
   Impact-gewichteter Gewinn $= (0{,}15{*}0{,}70) + (0{,}35{*}0{,}30) + (0{,}20{*}0{,}15) + (0{,}30{*}0{,}30) = 0{,}33$

---

[5] Z. B. Min–Max-Methode oder Skalierung auf einen festen Bereich.

7. Interpretation und Analyse

Die Organisation erreicht einen Impact-gewichteten Gewinn von 0,33. Das bedeutet, dass sie etwa 33 % ihrer gesetzten sozialen und Umweltziele erreicht hat. Diese Kennzahl ermöglicht es, die Effektivität der Organisation bei der Erreichung ihrer Ziele zu bewerten und Bereiche mit hohem und niedrigem Impact zu identifizieren.

4.3   sitt.app GmbH

Übersicht

Unternehmensname + Rechtsform:	sitt.app GmbH
Gründungsjahr:	2021
Branche:	Digitale Dienstleistungen
Hauptsitz:	Mannheim
Mitarbeiteranzahl:	1–5

Mission:
sitt.app entlastet Eltern und stärkt pädagogische Fachkräfte durch das Matching beider Seiten. sitt.app macht in Zeiten überlasteter Einrichtungen für Kinderbetreuung das dezentrale Betreuungsangebot transparent, prüft seine Nutzer umfassend und koordiniert die Kontaktaufnahme.

Produkte/Dienstleistungen:
Digitale Matching-Plattform für Eltern und qualifizierte Kinderbetreuung mit Browser- und dazugehöriger App-Anwendung.

Alleinstellungsmerkmale:
Ausschließlich qualifizierte pädagogische Fachkräfte oder sich in Ausbildung befindende Betreuungspersonen. Jede Betreuungsperson wird genauestens geprüft (inkl. erweitertem Führungszeugnis).

Kunden:
Eltern von Kindern, die Aufsicht benötigen und pädagogische Fachkräfte mit Wunsch nach mehr Praxis und Zusatzverdienst.

Kontaktinformationen:
www.sitt.app | hallo@sitt.app.

Es war einmal ein junger Vater. Für seinen 3 Jahre alten Sohn suchte er eine Betreuungsperson für einen Abend. Er ging online, fand verschiedene Plattformmöglichkeiten – zwei davon spezialisiert auf Kinderbetreuung, andere boten alles Mögliche. Er fand Minderjährige, die sich ein Taschengeld verdienen wollten und Erwachsene, die zwar lebenserfahrener, jedoch genauso wenig qualifiziert waren. Den entscheidenden Moment bestimmte eine männliche, erwachsene Person, die sich dem Vater als Kindesbetreuer anbot und unter anderem angab, gerne mit Kindern zu kuscheln. Der Vater war fassungslos. Wie konnte sich diese Person auf einer solchen Plattform bewegen? Haben die Betreiber der Plattform ihn übersehen oder sich grundsätzlich aus der Verantwortung einer Prüfung herausgenommen? Schon wenige Recherchen machen erkennbar, dass etablierte Online-Plattformen keinen systematischen Verifizierungs- und Prüfprozess für ihre Nutzer vorweisen. Das war der Auslöser für den Vater und Gründer von sitt.app, Jonas Fuhr, den festen Entschluss zu fassen, eine Lösung für dieses und damit verbundene Problemlagen zu entwickeln. Aus eigenem Bedarf heraus entstand somit die Idee für eine digitale Matching-Plattform, ausschließlich für Personen mit pädagogischer Qualifikation als Kinderbetreuung (inklusive derer, die sich noch in Ausbildung und Studium befinden) und Eltern, die auf der Suche nach qualifizierter und sorgenfreier Kinderbetreuung sind. Weil bestehende Anbieter und Plattformen nicht das Qualitätsmanagement erfüllen, das wir uns für unsere Kinder wünschen, übernimmt das seitdem sitt.app. Die Prüfung der Betreuungspersonen, die das Sozialunternehmen Kükenhüter nennt, erfolgt unter anderem durch erweitertes Führungszeugnis, Ausbildungs- & Versicherungscheck. Eltern können Kükenhüter nach bestimmten Kriterien suchen und finden. Filterfunktionen sind zum Beispiel Entfernung, Alter, Erfahrung & Qualifikation. Nach dem ersten Kontakt auf der sitt.app-Plattform, lernen sich Eltern, Kükenhüter und Kinder persönlich kennen.

Während die Sicherheit und das Wohlergehen von Kindern ein höchstes Ziel für eine Gesellschaft sein dürften, ist unser System hierfür, sprich vor allem die entsprechenden Einrichtungen für Kinderbetreuung, regelmäßig überlastet. Dies betrifft sowohl die Eltern als auch die Fachkräfte. Für Eltern bedeutet es lange Wartelisten, begrenzte Betreuungsmöglichkeiten wegen wochenlanger Schließungen und ein hohes Stresslevel, da Verpflichtungen über das Elterndasein hinaus nicht nachgegangen werden kann. Die alternative dezentrale Suche nach qualifizierten und vertrauenswürdigen Betreuungspersonen ist undurchsichtig, mühsam und nicht sicher. Auf der anderen Seite stehen pädagogische Fachkräfte und Betreuungspersonen vor Herausforderungen wie unsicheren Beschäftigungsbedingungen, Überlastung, dem Empfinden mangelnder Wertschätzung, niedrigen Gehältern und begrenzten Möglichkeiten, Zusatzeinkommen zu erzielen oder ihre Praxiserfahrung zu erweitern. Mit einem ausreichend großen Pool an Eltern und Kükenhütern entlastet sitt.app Familien. Sowohl Eltern als auch Kinder können mehr am sozialen Leben teilhaben. Personen mit und in pädagogischer Ausbildung oder Studium wird es möglich, einer (weiteren) sinnvollen, bezahlten Nebentätigkeit nachzugehen. Beiden Seiten erleichtert das Sozialunternehmen die Koordination, Kommunikation und vertragliche Fragen.

Für den Start und Aufbau von sitt.app hat sich Jonas Fuhr, von Haus aus Pädagoge und Lehrer, mit seinen Cousins, Niko (Allgemeinmediziner) und Vincent (Betriebswirt und Unternehmensberater), zusammengetan und fand bald zwei weitere, insbesondere Marketing- und Unternehmenserfahrene Mitstreiter – eine davon war ich. Mit gemeinsamer Arbeitskraft und ausschließlich eigenen, privaten finanziellen Mitteln hat das fünfköpfige Team – alle zunächst neben dem Beruf – die Plattform auf den Markt gebracht (d. h. Bootstrapping als Startfinanzierung), als erste, die ausschließlich pädagogisch qualifizierte und geprüfte Personen als Kinderbetreuung auf einer Online-Plattform transparent macht. Das Geschäftsmodell beruht auf Tarifmodellen für Eltern, die aus verschiedenen Laufzeiten wählen können und einen monatlichen Beitrag für die Nutzung der Plattform zahlen. Kükenhüter zahlen einen Jahresbeitrag für ihre Listung und die Prüfung ihrer Unterlagen.

Noch bevor das Marketing ausgerollt werden konnte, bestand die größte Herausforderung des Startups in der Entwicklung der Plattform durch einen oder mehrere zuverlässige und fähige Entwickler. Keiner der Gründungsmitglieder wies am Anfang die nötigen IT-Fertigkeiten und das Wissen auf, um die Plattform selbst zu bauen oder zu erkennen, dass der Entwickler, für den sich das Team am Anfang schließlich entschied, ungeeignet war für den Auftrag. Nach zwei Jahren Fehlentwicklung und einen fünfstelligen Eurobetrag weniger auf dem Geschäftskonto hat das Team im Startup hejAL! New Tech Solutions GmbH und seinen tunesischen Entwicklern einen zuverlässigen und fähigen Tech-Partner gefunden und mit ihm nicht nur die Browser-Anwendung, sondern auch die App-Anwendung aufgebaut.

Weil ein hochsensibles Thema, nämlich Kindesbetreuung und Kindeswohl, mithilfe von Technologie adressiert wird, besteht nun weiterhin dauerhaft die Herausforderung für sitt.app in der Kommunikation gegenüber seinen Nutzern von Datensicherheit und Humanität. Dass Technologie im Fall von sitt.app Effizienz, Skalierbarkeit, Zugänglichkeit, Transparenz und Kontrolle (im positiven Sinne) bedeutet, heißt nicht unweigerlich, dass, in der Hauptsache, Eltern in die Plattform vertrauen. Erfolgreiche Matchings von Eltern und Kükenhütern müssen stattfinden, von sitt.app begleitet und sie müssen kommuniziert werden. Kükenhüter sein entwickelt sich dann zu einer Identität und zu einem Qualitätsmerkmal. Auch wenn es fern der Entscheidungs- und Handlungsgewalt von sitt.app liegt, zu steuern, dass Eltern, Kinder und Betreuungspersonen sich gut verstehen, wird der Erfolg von sitt.app in den Augen der Nutzer letztlich daran gemessen. Schauen wir uns schließlich auch hier die Wirkungskette an:

sitt.app's Chain of Impact

Inputs (Ressourcen)

- Digitale Matching-Plattform und App-Anwendung
- Pädagogische Fachkräfte (Kükenhüter), die freiberuflich freie Kapazitäten zur Kinderbetreuung anbieten
- Eltern(teile), die Interesse an einer sorgenlosen Kinderbetreuung außerhalb der Kindergarten- und Schulbetreuung haben
- Private finanzielle Mittel für den Start und Aufbau des Unternehmens

Kernaktivitäten (Handlungen)

- Entwicklung einer digitalen Matching-Plattform.
- Bau der Browser- und App-Anwendung
- Prüfung der Betreuungspersonen, durch erweitertes Führungszeugnis, Ausbildungs- & Versicherungscheck
- Aufbau eines flächendeckenden Kükenhüter-Pools
- Marketingaktivitäten zur Bekanntmachung der Plattform, zur Vertrauensgewinnung bei sensiblem Thema und zur Gewinnung von Eltern

Outputs (Ergebnisse)

- Digitale Matching-Plattform und App-Anwendung, gemessen an Funktionen, der Nutzerzahl und der Anzahl der Matchings
- Zugang zu qualifizierter und geprüfter Kinderbetreuung für Eltern, gemessen an der Anzahl der ‚Kükenhüter' im Wohngebiet der Eltern
- Zugang zum Markt und Qualitätsmerkmal für Fachkräfte, gemessen an der Anzahl an Eltern, die die Plattform für die Suche nutzen

Outcome (Mittelfristige Wirkung auf Zielgruppen)

OI1: *Erhöhte Flexibilität und reduziertes Stresslevel für Eltern durch leichteren Zugang zu qualifizierter Kinderbetreuung.*

Messmethoden: Umfragen unter den registrierten Eltern vor und nach der Nutzung von sitt.app, um Veränderungen im Stresslevel und der Zufriedenheit mit der Betreuungssituation zu erfassen. Analyse der Nutzungsstatistiken auf der Plattform, um festzustellen, wie viele Familien erfolgreich Betreuungspersonen gefunden haben und wie oft die Plattform genutzt wird.

OI2: *Verbesserte Arbeits- und Verdienstmöglichkeiten für pädagogische Fachkräfte durch mehr Selbstbestimmtheit und die Möglichkeit, freie Kapazitäten flexibel zu nutzen.*

Messmethoden: Messung der Veränderungen in der Beschäftigungssituation, wie z. B. Anzahl der Arbeitsstunden, Zusatzeinkommen und berufliche Zufriedenheit, durch Umfragen oder Interviews. Vergleich der Verdienstmöglichkeiten mit nationalen Durchschnittswerten oder anderen Vergleichsgruppen.

OI3: *Erhöhung der Sicherheit und des Wohlbefindens von Kindern durch die Vermittlung qualifizierter Betreuungspersonen.*

Messmethoden: Überwachung von Kindeswohlindikatoren wie Gesundheit, Entwicklung und emotionaler Zustand durch Umfragen oder Interviews mit Eltern und Beobachtungen des Verhaltens der Kinder. Vergleich von Sicherheitsindikatoren mit nationalen Durchschnittswerten oder anderen Vergleichsgruppen.

OI4: *Mehr Teilhabe von Eltern und Kindern am sozialen Leben.*

Messmethode: Erfassung der Aktivitäten und Ereignisse, an denen Eltern und Kinder teilnehmen, vor und nach der Nutzung von sitt.app durch Tagebuchführung oder Umfragen. Beobachtung des sozialen Verhaltens und Engagements der Kinder in Kindergarten, Schule oder anderen sozialen Umgebungen.

Impact (Langfristige Auswirkungen auf die Gesellschaft)
II1: *Mehr Balance und Harmonie im Arbeitsmarkt.*

Messmethoden: Die Arbeitsmarktbeteiligung von Eltern, insbesondere von Müttern, kann gemessen werden, um festzustellen, ob die Verfügbarkeit flexibler Kinderbetreuung ihre Teilnahme am Arbeitsmarkt erhöht hat. Dies kann durch statistische Daten zur Erwerbsbeteiligung vor und nach der Einführung der Plattform verfolgt werden.

II2: *Mehr Balance und Harmonie in Partnerschaften und Familien.*

Messmethode: Die Zufriedenheit der Eltern mit ihrer Work-Life-Balance und die Qualität ihrer Partnerschaften können mittels Umfragen und sozialwissenschaftlichen Studien erhoben werden, um festzustellen, ob die verbesserte Kinderbetreuung zu einer besseren Balance und Harmonie in Familien führt.

II3: *Starke Identität und gesellschaftliche Anerkennung für pädagogische Fachkräfte.*

Messmethode: Die öffentliche Wahrnehmung und Anerkennung von pädagogischen Fachkräften kann durch Umfragen und qualitative Studien untersucht werden, um festzustellen, ob die Plattform dazu beigetragen hat, ihre Identität und ihren Status in der Gesellschaft zu stärken.

II4: *Beitrag zur Entlastung und Verbesserung des Gesundheits- und Sozialsystems durch die Bereitstellung hochwertiger Kinderbetreuung.*

Messmethoden: Die Reduktion von Krankheitstagen von Eltern aufgrund verbesserter Kinderbetreuung sowie die Verbesserung der frühkindlichen Entwicklung und Bildung können als Indikatoren für die Auswirkungen auf das Gesundheits- und Sozialsystem dienen. Dies kann durch statistische Daten zu Krankheitsausfällen und Bildungsindikatoren erfasst werden, bevor und nachdem die Plattform eingeführt wurde.

Am Beispiel von sitt.app schauen wir uns nun an, wie neue Wertkonten geschaffen und mit Geldwerten versehen werden können – für die es bisher noch keine Ertragskonten gibt, die aber ökonomisch relevant sind und wohinter belegbare, erbrachte Leistungen in Form von gesellschaftlicher Wirkung stehen. sitt.app arbeitet für die Erhaltung und Neuschaffung positiver gesellschaftlicher Wirkung. Dafür hat das Sozialunternehmen finanziellen Aufwand in Personal- und Sachaufwendungen, die bereits über die aktuelle Buchhaltung in die Bilanz einfließen. Für eben die Schaffung dieser positiven gesellschaftlichen Werte suchen wir nun entsprechende Ertragskonten. Weiter oben sprachen wir bereits über die Möglichkeit, dass derselbe Wert, der über die Aufwandsseite in die Bilanz eingeht, als Wirkungsfinanzwert auch auf der Ertragsseite gebucht wird. Den zeitlichen Rahmen eines Geschäftsjahres genommen, geht es noch nicht um die langfristigen Werte der Impact-Leistung, sondern die Outcomes, d. h. die mittelfristigen Wirkungsparameter auf die Zielgruppen, werden herangezogen:

OI1: *Erhöhte Flexibilität und reduziertes Stresslevel für Eltern durch leichteren Zugang zu qualifizierter Kinderbetreuung.*

OI2: *Verbesserte Arbeits- und Verdienstmöglichkeiten für pädagogische Fachkräfte durch mehr Selbstbestimmtheit und die Möglichkeit, freie Kapazitäten flexibel zu nutzen.*

OI3: *Erhöhung der Sicherheit und des Wohlbefindens von Kindern durch die Vermittlung qualifizierter Betreuungspersonen.*

OI4: *Mehr Teilhabe von Eltern und Kindern am sozialen Leben.*

Die Ertragskonten könnten lauten:

OI1-Konto: Selbst geschaffene Werte an Elternentlastung'
OI2-Konto: Selbst geschaffene Werte an Pädagogen-Empowerment
OI3-Konto: Selbst geschaffene Werte an Kindeswohl'
OI4-Konto: Selbst geschaffene Werte an Teilhabe für Eltern und Kinder'

Der finanzielle Aufwand von sitt.app für diese Outcome-Parameter im entsprechenden Zeitraum möchte beglichen werden und muss daher eruiert und zugeordnet sein. Im Fall von sitt.app wollen wir für diesen Zweck Leistungen am Naturkapital vernachlässigen und den Fokus auf das Sozial- bzw. Humankapital legen. Wir stellen zunächst den direkten finanziellen Aufwand in Personal- und Sachaufwendungen dem Wirkungsfinanzwert der erbrachten Leistung für gesellschaftliche Wirkung gegenüber, um ein besseres Gefühl und Verständnis für die Zahlen zu bekommen, um die es im Kontext Wirkungsmessung gehen kann.

OI1 Um den Wert von OI1 in Geld auszudrücken, können wir eine Annahme treffen, wie viel Geld es kosten würde, um den durchschnittlichen Belastungs- bzw. Stresslevel eines Elternpaares oder -teils um einen bestimmten Prozentsatz zu reduzieren. Dazu können wir einen Betrag festlegen, der für bestimmte Stressreduktionsmethoden oder -dienstleistungen üblich ist. Angenommen, durch die Nutzung von sitt. app reduzieren Eltern ihren Stresslevel im Durchschnitt und dauerhaft um 15 % – zum Beispiel gemessen anhand von Selbstberichten, physiologischen und biometrischen Maßen. Nun können wir schätzen, wie viel es über alternative Wege kosten würde, den Stresslevel von Eltern dauerhaft um diesen Prozentsatz zu reduzieren, z. B. durch den Besuch von Entspannungskursen, Coaching-Sitzungen oder anderen Dienstleistungen zur Stressbewältigung. Wir gehen einmal davon aus, dass Elternpaare bzw. Elternteile regelmäßig 1,5 h die Woche alternative Stressbewältigung betreiben müssten, um dauerhaft 15 % weniger Belastung zu empfinden. Dass sitt.app – so wie die meisten Sozialunternehmen – Ursachenbekämpfung ansteuert und damit präventiv arbeitet, während bestehende Alternativen Symptome angehen, könnte ebenfalls berücksichtigt werden. Weiterhin angenommen, der durchschnittliche Stundenpreis für solche Dienstleistungen beträgt 50 € pro Stunde. Der finanzielle Wert von OI1 lässt sich dann berechnen, indem wir die geschätzte Ersparnis mit der Anzahl der Elternregistrierungen multiplizieren. Wenn sitt.app x = 1000 aktive Eltern bzw. Elternteile hat, ergibt dies einen geschätzten Wirkungsfinanzwert für OI1 von 50 € * 1,5 h * 1000 Registrierungen = 75.000 € pro Woche und 300.000 € pro Monat.

OI2 Um verbesserte Arbeits- und Verdienstmöglichkeiten für pädagogische Fachkräfte zu monetarisieren, können wir zum einen, denkbar einfach, die Zusatzeinkommen berechnen, die durch die zusätzlichen Arbeitsstunden generiert werden. Diese kommen jedoch direkt den Fachkräften zugute, nicht dem Gemeinwohl und können für die Wirkungsmessung genau genommen nicht herangezogen werden. Zum anderen können auch bessere Zufriedenheits- und Gesundheitswerte der Fachkräfte monetär bewertet werden, etwa anhand der Einsparungen durch reduzierte Krankheitsausfälle. Von der erhöhten Gesundheit, Zufriedenheit und somit Quantität als auch Qualität pädagogischer Fachkräfte profitieren nicht nur dieselben, sondern auch Eltern und vor allem die Kinder. Angenommen, die durchschnittlichen Kosten pro Tag für den Krankheitsausfall je pädagogischer Fachkraft liegen bei 100 €, können wir durch Multiplikation mit der Anzahl registrierter Fachkräfte und der absoluten Anzahl an Tagen, die eine Fachkraft mit Nutzung der sitt.app-Plattform mehr zur Verfügung steht bzw. weniger ausfällt, einen Wirkungsfinanzwert für OI2 bestimmen. Wird im Rahmen eines Geschäftsjahres festgestellt, dass sich bei 1000 registrierten ‚Kükenhütern' die Ausfalltage im Schnitt zum Beispiel von 30 auf 20 Tage reduziert haben, macht dies einen Finanzwert in Höhe von 100 € * 1000 * 20 = 2.000.000 € im Jahr.

OI3 Die Monetarisierung von Sicherheit und Wohlbefinden der durch sitt.app erreichten Kinder durch die Vermittlung qualifizierter Betreuungspersonen könnte zum Beispiel durch die Reduzierung von bestimmten Folgekosten erfolgen. Eine hochwertige Kinderbetreuung kann dazu beitragen, die soziale Integration von Kindern zu fördern und negative Folgen von Gesundheitsprobleme oder Verhaltensauffälligkeiten bei Kindern zu reduzieren. Dies kann langfristig zu Einsparungen bei Gesundheitskosten, Bildungsausgaben oder sozialen Unterstützungsleistungen führen. So schwierig die Messung, so einfach die mögliche Rechnung. Angenommen, sitt.app vermittelt im Laufe eines Geschäftsjahres nachweislich konstant qualifizierte Betreuungspersonen an 200 Kinder. Für die Einsparungen bei Gesundheits-, Bildungs- oder sozialen Unterstützungsausgaben können zusammengenommen 500 € pro Kind und Jahr veranschlagt werden, sodass ein Wirkungsfinanzwert für OI3 in Höhe von 200* 500 € = 100.000 € entsteht.

OI4 Mehr Teilhabe von Eltern und Kindern am sozialen Leben könnte anhand der durchschnittlichen Ausgaben für Freizeitaktivitäten pro Familie vor und nach der Nutzung von sitt.app bestimmt werden. Da Eltern und Kinder durch die Unterstützung von Kükenhütern mehr an Freizeitaktivitäten teilnehmen können, kann mit höheren Ausgaben gerechnet werden. Die Stärkung sozialer Bindungen, die damit verbundene Steigerung der Lebensqualität und verbesserte psychische Gesundheit können zu verringerten Kosten für therapeutische oder medizinische Behandlung führen sowie zur Steigerung der Produktivität und der Einkommen der Elternteile. Beispielhaft könnten die monetären Auswirkungen durch die Nutzung von sitt.app folgendermaßen aussehen: Erhöhte Kaufkraft (in Abhängigkeit vom Faktor Freizeit) bei Freizeitaktivitäten – 600 € pro Jahr pro Familie, Einsparungen bei therapeutischer und medizinischer Behandlung – 200 € pro Jahr pro Familie, zusätzliches Einkommen durch erhöhte Produktivität der Elternteile 800 € pro Jahr pro Familie. Bei 1000 registrierten Eltern, die regelmäßig die Unterstützung von Kükenhütern über sitt.app in Anspruch nehmen können, ergibt sich ein Wirkungsfinanzwert in Höhe von 600.000 € + 200.000 € + 800.000 € = 1600.000 €.

Widmen wir uns nun den direkten finanziellen Aufwendungen, die für sitt.app entstehen (fiktive Beispielzahlen und ohne Anspruch auf Vollständigkeit). Dafür betrachten wir die verschiedenen Inputs und Kernaktivitäten des Social Startups, zum Beispiel im 1. Geschäftsjahr nach Launch der Plattform, aus denen oben genannte Output-Indikatoren hervorgehen.

1. **Entwicklung und Bau der Matching-Plattform und App-Anwendung:**

   a. Kosten für die Browser-Anwendung: 30.000 €
   b. Kosten für die App-Anwendung: 20.000 €
   c. Kosten für Server und Hosting: 10.000 €

2. **Prüfung der Betreuungspersonen (bei 1000 Kükenhütern):**

   a. Kosten für erweiterte Führungszeugnisse: 15.000 €
   b. Kosten für Ausbildungs- und Versicherungschecks: 12.000 €

3. **Aufbau eines flächendeckenden Kükenhüter-Pools:**

   a. Kosten für die Gewinnung von 1000 Betreuungspersonen: 30.000 €

4. **Marketingaktivitäten:**

   a. Kosten für Werbung, Marketingmaterialien und Werbekampagnen: 30.000 €
   b. Kosten für Social-Media-Werbung und Influencer-Marketing: 20.000 €

Damit steht den Gesamtkosten in Höhe von 167.000 € ein Wirkungsfinanzwert gesamt von 7.300.000 € gegenüber. Mit anderen Worten: Die Kosten machen etwa 2,8 % des Impacts aus.[6] Die Buchung der Wirkungsfinanzwerte entsprechend den Aufwendungen auf der Ertragsseite könnte im Fall von sitt.app und auch für andere Social Startups über Impact-Entschädigungen und ‚sonstige betriebliche Impact-Erträge' erfolgen. Buchungssätze könnte zum Beispiel lauten:

Beispiel 1:

* Aufwandskonto

  – sitt.app kauft bei einem Dienstleister die Entwicklung der Browser- und App-Anwendung für 50.000 € ein (1a + 1b). Buchungssatz: Aufwand für Browser-Anwendung 50.000 € an Verbindlichkeiten 50.000 €
* Ertragskonto

  – Impact-Entschädigung in Höhe von 50.000 € wird überwiesen.
  – Bank 50.000 € an ‚Selbst geschaffene Werte an Elternentlastung' 50.000 €

Beispiel 2:

* Aufwandskonto

  – Löhne und Gehälter für 42.000 € werden per Banküberweisung gezahlt (2b + 3a). Buchungssatz: Aufwand für Löhne und Gehälter 42.000 € an Bank 42.000 €
* Ertragskonto

  – Impact-Entschädigung in Höhe von 42.000 € wird überwiesen.
  – Bank 42.000 € an ‚Selbst geschaffene Werte an Kindeswohl' 42.000 €

---

[6] Geldgeber könnten zusagen, dass sie 2 %, 3 % oder mehr des gesamten Wirkungsfinanzwertes oder bezogen auf einen Outcome-Indikator übernehmen und damit die Kosten für die Entstehung des Outcomes übernehmen.

Beispiel 3:

- Aufwandskonto

  - sitt.app bezahlt Agenturrechnung für Werbung, Marketingmaterialien und Werbekampagnen durch Überweisung in Höhe von 30.000 € (4a). Buchungssatz: Marketingaufwand 30.000 € an Bank 30.000 €

- Ertragskonto

  - Impact-Entschädigung in Höhe von 30.000 € wird überwiesen.
  - Bank 30.000 € an ‚Selbst geschaffene Werte an Pädagogen-Empowerment' 30.000 €

In Kap. 3 haben wir bereits über die Möglichkeiten der Geldquellen, zum Beispiel für solche Impact-Entschädigungen bzw. sonstige betriebliche Impact-Erträge, nachgedacht. Für definierte Leistungen könnte nämlich der Staat bzw. die EU über Ausgleichszahlungen Organisationen aus Steuergeldern entlohnen und Organisationen können diese Zahlungen als Einnahmen verbuchen. Auch regionale Ausgleichsfonds könnten dafür aufgebaut und herangezogen werden.

5

Schlusswort – Eine Impact-zentrierte Wirtschaft

Wir haben einen Blick auf die Verschmelzung von Wirtschaft und Sozialem geworfen und diskutiert, wie Organisationen diese Verbindung herstellen und nutzen können. Das Ziel: Positive gesellschaftliche Veränderungen bewirken und gleichzeitig wirtschaftlich erfolgreich sein. Eine gewisse Neubewertung des Erfolgsbegriffs spielt dabei die ausschlaggebende Rolle. Das macht im Kern Sozialunternehmertum aus. Verschiedene Konzepte und Ansätze betrachtet, erkennen wir, dass und wie Organisationen, unabhängig von ihrer Branche und Größe, positive gesellschaftliche Wirkung erzielen und sie in ihre Organisationsrechnung integrieren können. Dazu müssen wir uns als Gesellschaft, oder doch zumindest für den Start in Konsortien – innerhalb von Branchen oder um eine gesellschaftliche Problemlage herum – zusammentun und entscheiden. Für manche fast schon langweilig, liest sich die Erkenntnis, dass soziale Innovationen und Sozialunternehmen eine zentrale Rolle dabei spielen, tragfähige Lösungen für gesellschaftliche Herausforderungen zu finden; dass sie durch unternehmerisches Denken und Handeln nicht nur soziale Probleme in ihrer Ursache beheben, sondern auch wirtschaftlichen Erfolg erzielen, ohne – und das ist wichtig – neue Probleme zu verursachen. Und doch kann man es auch im Jahr 2024 nicht

L. Leirich, *Sozialunternehmertum, Innovationen und Wirkungsmessung*, https://doi.org/10.1007/978-3-662-69676-7_5

oft genug sagen. Denn noch zu viele in der Bevölkerung und auch in entscheidenden Positionen (in Unternehmen und in der Politik) fragen sich (sofern sie thematisch damit überhaupt in Berührung kommen):

- Was sind gemeinnützige Unternehmen, was sind gemeinwohlorientierte Unternehmen, Sozialunternehmen, Soziale Innovationen und Social Entrepreneurship?
- Inwiefern unterscheiden sich diese von „klassischen" Unternehmen?
- Erbringen nicht auch „klassische" Unternehmen Leistungen zur Steigerung des Gemeinwohls?
- Welche spezifischen Vor- und Nachteile bzw. Stärken und Schwächen haben Sozialunternehmen dabei?
- Inwiefern haben sie eine besondere Bedeutung bei der Bewältigung aktueller Veränderungsprozesse in Wirtschaft und Gesellschaft?
- Inwiefern benötigen die spezifischen Charakteristika von Sozialunternehmen spezifische Förder- und Unterstützungsformate bzw. sind die ‚generischen' Formate nicht ausreichend?

Diese Fragen werden oben mehr oder minder direkt beantwortet und ich möchte an dieser Stelle noch einmal zusammenfassen.

Zunächst will ich für Vernunft in der Definitionsfrage plädieren und meine damit, dass eine Definition nur dann hilft, wenn sie zweckmäßig ist und dass wir uns nicht darin verrennen sollten, nur um schließlich irgendwelche Unterscheidungen treffen zu können, die womöglich überbewertet sind. Im Fall Sozialunternehmen und Nicht-Sozialunternehmen erscheinen doch die Gemeinsamkeiten weitaus wichtiger. Die Hybridität in Organisationen, Soziales und Wirtschaft in sich zu vereinen, sollte im Fokus stehen. Nahezu jede Organisation, sei es ein Wirtschaftsunternehmen, ein Wohlfahrtsverband oder ein Social Startup, übernimmt theoretisch beides: Verantwortung für das Gemeinwohl und Verantwortung für die eigene finanzielle Tragfähigkeit – die einen etwas mehr von dem einen, die anderen etwas mehr von dem anderen. Dass die einen Probleme verursachen und die anderen aufräumen, funktioniert nicht, wie gesagt. Eine gewisse Hybridität ist fast immer vorhanden. Am ‚besten' dürften möglicherweise die Organisationen sein, die in dieser Sache wahrhaftig am ausgeglichensten sind. Nun benutzen wir im Grunde viele verschiedene Begriffe, um diese Hybridität auszudrücken, ohne sie konkret zu benennen und das verwirrt uns. Gemeinnützige Unternehmen sind Organisationen, die primär dem Gemeinwohl dienen und keine Gewinne an Aktionäre oder Eigentümer ausschütten. Sie können in verschiedenen Bereichen tätig sein, wie Bildung, Gesundheit, Umweltschutz oder soziale Unterstützung. Gemeinwohlorientierte Unternehmen haben ähnliche Ziele wie gemeinnützige Organisationen, aber sie sind in der Regel kommerziell ausgerichtet, d. h. sie streben nach langfristiger sozialer und ökologischer Wirkung, während sie gleichzeitig wirtschaftlich nachhaltig agieren. Sozialunternehmen sind Organisationen, die unternehmerische Prinzipien und Geschäftsmodelle nutzen, um soziale Probleme zu lösen und positive gesellschaftliche Wirkung zu erzielen. Soziale Innovationen sind neuartige Ideen, Produkte, Dienstleistungen oder Modelle, die dazu beitragen, gesellschaftliche Probleme zu lösen oder zu mildern. Und? Sind wir nun wirklich schlauer? Klingt alles anders und irgendwie doch gleich? Es bleibt zumindest Vieles offen und interpretierbar und wir könnten noch ewig darüber diskutieren, wer eigentlich was ist und wohin gehört mit seiner Verantwortung. Wir können aber auch entscheiden, dass grundsätzlich jede Organisation Verantwortung für sowohl die eigene gesellschaftliche Wirkung als auch für die finanziellen Erfolge trägt, und dass wir deshalb beides messen und in den Organisationswert integrieren. Beides zusammengenommen beschreibt erst die Leistungsfähigkeit einer Organisation in Gänze und über diese wünschen wir uns doch einen realistischen Überblick, oder?

Die vorgestellten Geschichten aus der Praxis zeigen, dass Impact-orientierte bzw. -zentrierte Organisationen bereits erfolgreich sind und einen positiven Unterschied bei ihren Zielgruppen machen. Die Bandbreite der Probleme, die von Sozialunternehmen in ihrer Ursache angegangen werden und werden können, ist enorm. Allerdings stoßen sie im bestehenden System früher oder später an ihre Grenzen, unter anderem im Sinne der Skalierbarkeit. Denn bei allem Willen und ganzheitlichem Blick auf die eigene Wertschöpfungs- und Wirkungskette, bei allem Sinn für die Problemursache und Lösung – solange Impact im wahrsten Sinne keine Wertschätzung erfährt, gemessen und in die Organisationsrechnung integriert wird, werden immer nur auf finanziellem Gewinn basierende Entscheidungen getroffen und diese Entscheidungen sind offenbar oft die schlechten Entscheidungen.

Der Weg zu einer Impact-zentrierten Zukunft erfordert viel Arbeit und abermals Entscheidungen, und zwar von allen Beteiligten. Allen voran werden Sozialunternehmen und ihre Befürworter noch eine ganze Weile im aktuell möglichen Rahmen vormachen müssen, worum es in diesem Buch geht. Und dazu zähle ich mich selbst. Wir werden ein Umdenken forcieren in der Art und Weise, wie wir Wirtschaft und Gesellschaft betrachten und wie wir den Erfolg von Organisationen messen wollen – nämlich nicht mehr länger aufbauend auf dem Auseinanderdenken und Getrenntbehandeln von Wirtschaft und Sozialem. Wir werden neue Modelle und Ansätze entwickeln, testen, anpassen und schließlich etablieren, um der Komplexität unserer globalen Probleme gerecht zu werden und nachhaltige Lösungen zu schaffen. Wir sollten nicht weiter so tun, als ob, sondern Organisationen endlich tatsächlich danach beurteilen, welchen positiven und negativen Beitrag sie in der Welt leisten.

Ich werde immer wieder gefragt: „Lilli, wie ist das denn nun mit der Wirkungsmessung? Machen die Social Startups das denn?" Meine Antwort lautet bis dato immer zuerst „Wofür denn?". Wofür sollte sich eine Organisation heute die Arbeit machen, ihre gesellschaftliche Wirkung zu beachten, geschweige denn sie zu bewerten. Jede negative Wirkung will verheimlicht werden und tritt sie doch zu Tage, wird sie von allen Seiten ignoriert – von den Organisationen selbst, von der Politik, von den Konsumenten. Positive Wirkung auf der anderen Seite wird nicht wertgeschätzt, ökonomisch, gesamtgesellschaftlich nicht anerkannt und man fragt sich doch, was treibt denn diese Sozialunternehmen eigentlich überhaupt um? **Wir sind alle nur Menschen und doch zu unglaublichen Dingen imstande. Wahrscheinlich fragt sich jeder von uns mindestens einmal im Leben, wofür er auf der Erde unterwegs ist. Die Antwort darauf in den Köpfen von Social Entrepreneurs mag wohl systemischer sein als bei anderen, denn sie arbeiten stets für bessere Systemstrukturen.** Auch wenn sie das bestehende, verbesserungswürdige System nicht in Gänze umkrempeln in ihrer Lebzeit, schaffen sie eigene kleine Systeme um sich herum, die agil und dynamisch sind, verlässlich und – wenn finanziert – stabil, integrativ, zeitgemäß, auf Konsent bemüht, fair und transparent. **Die Nichtkäuflichkeit von Ämtern, Macht und Würde ist dabei essenziell für den Erfolg eines Systems.** Ich bin zuversichtlich, dass Wirkung bald nicht mehr nur intensiv erörtert wird (in der Politik und den Chefetagen). Am Ende können wir noch so viel erdenken, konkretisieren und planen. Mit Theorie kommt man in dieser Sache nicht weiter. Wir müssen machen.

Literatur

Achleitner, A.-K., Spiess-Knafl, W., Volk, S. (2011): Finanzierung von Social Enterprises – Neue Herausforderungen für die Finanzmärkte, in: Hackenberg, H., Empter, S. (Hrsg.): Social Entrepreneurship – Social Business: Für die Gesellschaft unternehmen, 1. Aufl., VS Verlag, Wiesbaden.

Bakir, D. (2022): Zu sozial fürs Finanzamt: Lemonaid drohen Steuernachzahlungen in Millionenhöhe, https://www.stern.de/wirtschaft/news/lemonaid-drohen-steuernachzahlungen-in-millionenhoehe-32718008.html, abgerufen am 21.05.2024.

Batz, M. (2021): Entwicklung, Strategien und Modelle der Nachhaltigkeit, in: Batz, M. (2021): Nachhaltigkeit der Sozialwirtschaft, Springer Fachmedien Wiesbaden GmbH.

Bertelsmann Stiftung (2016): Social Impact Investment in Deutschland 2016: Kann das Momentum zum Aufbruch genutzt werden? https://www.bertelsmann-stiftung.de/de/publikationen/publikation/did/social-impact-investment-in-deutschland-2016/, abgerufen am 20.05.2024.

BMBF (2023): Soziale Innovationen, https://www.bmbf.de/bmbf/de/forschung/soziale-innovationen/soziale-innovationen_node.html, abgerufen am 21.05.2024.

Bugg-Levine A., und Emerson J. (2011): Impact Investing – Transforming How We Make Money while Making a Difference, Jossey-Bass A Wiley Imprint, San Francisco

L. Leirich, *Sozialunternehmertum, Innovationen und Wirkungsmessung*, https://doi.org/10.1007/978-3-662-69676-7

Bündnis für nachhaltige Textilien (2018): Soziale und ökologische Risiken ermitteln – Sorgfaltspflichten verstehen und umsetzen, Bonn, 2018.

Dees, J. G. (1998): Enterprising Nonprofits, Harvard Business Review, Januar-Februar, S. 55–67.

Forouharfar, A., Rowshan, S. A., Salarzehi, H. (2018): An epistemological critique of social entrepreneurship definitions, Journal of Global Entrepreneurship Research, 11(2018), 1–40.

Geobey, S., Westley, F. R., und Weber, O. (2012): Enabling Social Innovation through Developmental Social Finance, Journal of Social Entrepreneurship, 3(2), 151–165.

Glänzel, G., und Schmitz, B. (2012): Hybride Organisationen – Spezial- oder Regelfall?, in: Anheier, H. K., Schröer, A., und Then, V. (Hsrg.): Soziale Investitionen. Interdisziplinäre Perspektiven, VS Verlag, Wiesbaden.

Grünhaus, Rauscher (2021): Impact und Wirkungsanalyse in Nonprofit Organisationen, Unternehmen und Organisationen mit gesellschaftlichem Mehrwert, https://www.wu.ac.at/fileadmin/wu/d/cc/npocompetence/12_Publikationen_NPO_SE/Gr%C3%BCnhaus_Rauscher_Impact_Wirkungsanalyse_gesellMehrwert_Apr2021.pdf , abgerufen am 24.05.2024

Habisch A. (2011): Gesellschaftliches Unternehmertum – Blinder Fleck wirtschafts- und sozialwissenschaftlicher Gemeinwohltheorien, in: Hackenberg H., und Empter S. (Hrsg.): Social Entrepreneurship – Social Business: Für die Gesellschaft unternehmen, VS Verlag, Wiesbaden.

Hagart, Knoepfel (2004): Who cares wins, https://documents1.worldbank.org/curated/en/444801491483640669/pdf/113850-BRI-IFC-Breif-whocares-PUBLIC.pdf, abgerufen am 24.05.2024.

Hiß, C. (2015): Richtig rechnen! – Durch die Reform der Finanzbuchhaltung zur ökologisch-ökonomischen Wende, oekom, München.

John, R. (2006): Beyond the cheque, how venture philanthropists add value, Working Paper, Oxford Said Business School, Oxford.

Kerlin, J. A. (2006): Social enterprise in the United States and Europe: Understanding and learning from the differences, Voluntas: Intenational Journal of Voluntary and Nonprofit Organizations, 17(3), 246–262.

Kiefl, S., Scharpe, K., Wunsch, M., Hoffmann, P. (2021/22): Deutscher Social Entrepreneurship Monitor (DSEM).

Letts, C. W., Ryan, W., und Grossman, A. (1997): Virtuous Capital: What Foundations Can Learn from Venture Capitalists, Harvard Business Review, März-April, 36–44.

Mair, J., und Martí, I. (2005): Social entrepreneurship research: A source of explanation, prediction, and delight, Journal of World Business, 41(1), 36–44.

Roundy, P. T., Holzhauer, H. M., Dai, Y. (2017): Finance or Philanthropy? Exploring the Motivations and Criteria of Impact Investors, Social Responsibility Journal, February.

Scheck, B. (2018): Finanzierungsformen für Sozialunternehmen, Gastbeitrag für relaio, https://www.relaio.de/wissen/finanzierungsformen-fuer-sozialunternehmen/, abgerufen am 17.03.2024.

Sekliuckiene, J., und Kisielius, E. (2015): Development of social entrepreneurship initiatives: a theoretical framework, Procedi - Social and Behavioral Sciences, 213(2015), 1015–1019.

Spiess-Knafl, W. (2016): Social Finance – Der soziale Kapitalmarkt in Europa mit einem besonderen Fokus auf Österreich, im Auftrag des European Liberal Forum (ELF) und NEOS LAB, 1. Auflage, Printpool.

Van Dijk, G., Sergaki, P., und Baourakis, G. (2019): The Cooperative Enterprise – Practical Evidence for a Theory of Cooperative Entrepreneurship, Springer Nature Switzerland AG.

Wilson, K. E. (2014): New Investment Approaches for Addressing Social and Economic Challenges, OECD Science, Technology and Industry Policy Papers, Nr. 15, OECD Publishing.

GPSR Compliance

The European Union's (EU) General Product Safety Regulation (GPSR) is a set of rules that requires consumer products to be safe and our obligations to ensure this.

If you have any concerns about our products, you can contact us on ProductSafety@springernature.com

In case Publisher is established outside the EU, the EU authorized representative is:

Springer Nature Customer Service Center GmbH
Europaplatz 3
69115 Heidelberg, Germany

The manufacturer's authorised representative in the EU is Springer
Nature Customer Service Centre GmbH, Europaplatz 3, 69115 Heidelberg,
Germany. If you have any concerns regarding our products, please
contact ProductSafety@springernature.com

Printed and bound by CPI Group (UK) Ltd, Croydon, CR0 4YY
28/04/2026
02098538-0008